essentials

Andreas N. Ludwig

Österreich im Europarat

Europäische Integration jenseits der EU

 Springer VS

Andreas N. Ludwig
Internationale Beziehungen
Kath. Universität Eichstätt-Ingolstadt
Eichstätt, Deutschland

ISSN 2197-6708 ISSN 2197-6716 (electronic)
essentials
ISBN 978-3-658-51504-1 ISBN 978-3-658-51505-8 (eBook)
https://doi.org/10.1007/978-3-658-51505-8

Die Deutsche Nationalbibliothek verzeichnet diese Publikation in der Deutschen Nationalbibliografie; detaillierte bibliografische Daten sind im Internet über https://portal.dnb.de abrufbar.

Springer VS ist ein Imprint der eingetragenen Gesellschaft Springer Fachmedien Wiesbaden GmbH und ist ein Teil von Springer Nature.
Die Anschrift der Gesellschaft ist: Abraham-Lincoln-Str. 46, 65189 Wiesbaden, Germany

Wenn Sie dieses Produkt entsorgen, geben Sie das Papier bitte zum Recycling.

Was Sie in diesem *essential* finden können

- einen einführenden Überblick über Österreichs Mitgliedschaft im Europarat, der zweiten großen politischen Integrationsorganisation Europas neben der Europäischen Union (EU)
- den Stellenwert der europäischen Wertegemeinschaft für Österreich
- eine Übersicht der gegenwärtigen institutionellen Mitwirkung Österreichs in den Organen und Gremien des Europarats
- den Stand der Teilhabe Österreichs an den über 200 völkerrechtlichen Verträgen des Europarats und dessen paneuropäischen Rechtsraum
- die Bedeutung des Europarats für den Grundrechteschutz in Österreich, insbesondere durch die Europäische Menschenrechtskonvention und den Europäischen Gerichtshof für Menschenrechte
- einige Gedanken, warum der Europarat für Österreichs Zukunft entscheidend ist…

Geleitwort

Vor 70 Jahren trat Österreich dem Europarat bei – und 70 Jahre später könnten die Zeiten kaum herausfordernder sein. Demokratische Grundprinzipien geraten weltweit unter Druck: Werte, die lange als selbstverständlich galten, werden offen attackiert oder schleichend ausgehöhlt. Die Nachkriegsordnung ist Geschichte, verlässlich geglaubte Partner verfolgen neue strategische Ziele. Europa steht am Scheideweg – und es liegt an uns zu entscheiden, welchen Weg wir einschlagen wollen.

Meine Präsidentschaft richtet den Blick auf zentrale Zukunftsfragen: das Recht auf eine gesunde und nachhaltige Umwelt, den Umgang mit hybriden Bedrohungen, einen menschengerechten Rechtsrahmen für Künstliche Intelligenz sowie die Stärkung von Frauenrechten, Bildungsgerechtigkeit und inklusiver Demokratie. Den russischen Angriffskrieg gegen die Ukraine verurteilen wir als eklatanten Bruch des Völkerrechts – und begegnen ihm mit konkreten Instrumenten, um Straffreiheit zu beenden und Opfern Gerechtigkeit zu verschaffen. Dabei verlieren wir die Zukunft Russlands nicht aus dem Blick: Die Plattform der russischen Demokratischen Kräfte bereitet die Grundlagen für ein Russland nach Putin.

Neue Kriege müssen verhindert, jede Verletzung des Völkerrechts klar zurückgewiesen werden. Die Parlamentarische Versammlung steht für Menschenrechte, territoriale Integrität und friedliche Konfliktlösung. Demokratie ist kein Selbstläufer – sie lebt von Beteiligung und Verantwortung. Das folgende *Essential* macht die Werte des Europarats als gelebte Idee und gemeinsamen Schutzschirm für

700 Millionen Europäerinnen und Europäer erfahrbar. Eines steht fest: Nur gemeinsam, als starkes und geeintes Europa, werden wir die Herausforderungen unserer Zeit bewältigen.

Petra Bayr
Präsidentin der Parlamentarischen Versammlung des Europarats
Abgeordnete zum österreichischen Nationalrat

Inhaltsverzeichnis

Über den Autor

Dr. Andreas N. Ludwig ist Senior Lecturer am Lehrstuhl für Internationale Beziehungen der Katholischen Universität Eichstätt-Ingolstadt (Deutschland) und Lektor für Globale Beziehungen und Europapolitik an der School of Management der Fachhochschule Kärnten (Österreich). Europäische Integration und die Europapolitik Deutschlands und Österreichs bilden zwei Schwerpunkte des Politikwissenschaftlers und Historikers in Forschung und Lehre. Er ist Autor mehrerer Publikationen zum Europarat, darunter „Deutschland im Europarat" (mit Prof.in Dr.in Birte Wassenberg, Université de Strasbourg, Frankreich). Ludwig ist Mitglied des *Open Council of Europe Academic Network.*

Österreich und Europas Einigung jenseits der EU 1

Die politische und gesellschaftliche Ordnung des europäischen Kontinents war seit dem späten Mittelalter Gegenstand politischen Denkens. Im 19. Jahrhundert diskutierten Intellektuelle dann intensiver unterschiedliche Vorstellungen der Einigung Europas – kulturell, wirtschaftlich oder politisch, föderal oder zwischenstaatlich. (vgl. Gehler, 2018, 91–129) 1848 prägte dabei der französische Schriftsteller Victor Hugo den Begriff „Vereinigte Staaten von Europa", den der ehemalige Premierminister des Vereinigten Königreichs, Winston Churchill, in seiner wegweisenden Rede am 19. September 1946 an der Universität Zürich für die zeitgenössische europäische Einigung wieder aufgreifen sollte (vgl. 1946).

Um die Wende zum 20. Jahrhundert und in der Zwischenkriegszeit waren die **Europakonzepte** bereits konkreter geworden, mit prominenten österreichischen Beiträgen: 1892 hatte die Friedensaktivistin und spätere Nobelpreisträgerin Bertha von Suttner mit dem Capper-Moneta-Suttner-Plan gefordert, das vereinte Europa in Form eines Staatenbunds auf der Basis des Rechts aufzubauen. (vgl. Prettenthaler-Ziegerhofer, 2019, 80) Später wurde die von Wien ausgehende „Paneuropa"-Idee Richard Coudenhove-Kalergis einer der wichtigsten Impulse der Einigung Europas der 1920er Jahre. Für Europas Kleinstaaten, unter ihnen die junge Republik Österreich, war und ist bis heute der neue Ansatz dieser Jahre von entscheidender Bedeutung. Er fand seinen vielleicht wichtigsten Ausdruck im Plan des französischen Außenministers Aristide Briand zur „Errichtung einer Europäischen Union" 1929/30 (vgl. Prettenthaler-Ziegerhofer, 2007, 37 ff.): Künftig sollten alle Staaten gleichberechtigt an der Einigung des Kontinents beteiligt sein und dessen politische Ordnung nicht länger von den Großmächten bestimmt werden. Eine regelbasierte, multilaterale Ordnung mit gemeinsamen Institutionen sollte Europa Frieden und Wohlstand sichern.

© Der/die Autor(en), exklusiv lizenziert an Springer Fachmedien Wiesbaden GmbH, ein Teil von Springer Nature 2026
A. N. Ludwig, *Österreich im Europarat*, essentials,
https://doi.org/10.1007/978-3-658-51505-8_1

Auch wenn die Bemühungen der Zwischenkriegszeit scheiterten, so war die Sammlung vorhandener Ideen für Europas Zukunft nach dem Zweiten Weltkrieg umso reichhaltiger, auf die etwa Winston Churchill zurückgreifen konnte. (vgl. Gehler, 2018, 151–206; Prettenthaler-Ziegerhofer, 2007, 30–46) Die politischen und zivilgesellschaftlichen Diskussionen jener Zeit spiegelten diese Vielfalt der Europakonzepte wider. Gleiches galt für die Gestalt der ersten **europäischen Integrationsorganisationen** des Brüsseler Pakts und der Organisation für europäische wirtschaftliche Zusammenarbeit (OEEC) im Jahr 1948, der NATO und des Europarats 1949 sowie der Europäischen Gemeinschaft für Kohle und Stahl (EGKS) 1952, dem ersten Vorläufer der heutigen Europäischen Union (EU). Dieser entstand jedoch erst am Ende einer intensiven Entwicklungsphase europäischer Einigung. (vgl. Clemens et al. 2008, 49–137) Kiran Klaus Patel hat insofern Recht: „Nach 1945 war Europa kein politisches Experiment, sondern ein Experimentierfeld mit vielen Anläufen […].“ (2018, 64)

Ich plädiere in und mit diesem *essential* daher erneut für ein **weites Begriffsverständnis von Europas Einigung,** wie es heute in der Geschichtsschreibung der europäischen Integration verbreitet ist. (bspw. Ludwig, 2023; Patel, 2013; Prettenthaler-Ziegerhofer, 2007; Wassenberg, 2012) Diese umfasst „mehr als die Entstehung und Entwicklung der EU“. Die europäische Integrationsgeschichte betrachtet in einem umfassenden Sinn die „verschiedensten Vergemeinschaftungs-, Verflechtungs- und Austauschprozesse in Europa“. (Clemens et al., 2008, 15) Auch in der politikwissenschaftlichen Europaforschung sind Ansätze erkennbar, die das vorherrschende enge Begriffsverständnis europäischer Integration erweitern. (bspw. Brummer, 2008; Gawrich, 2014; Ludwig, 2022b, 2024c; Ludwig & Schomaker, I. E.) Werner Weidenfeld definiert Integration beispielsweise ganzheitlich als die „friedliche und freiwillige Annäherung bzw. Zusammenführung von Gesellschaften, Staaten und Volkswirtschaften über bislang bestehende Grenzen hinweg“. (2025, 21) Frieden, Sicherheit, Freiheit und Wohlstand für alle sind dabei die geteilten, ambitionierten Ziele der vielfältigen Prozesse europäischer Integration, die zusammengenommen das **Projekt Europa** ausmachen.

Österreich war nach dem Zweiten Weltkrieg von Beginn an Teil der Bemühungen um ein neues Miteinander der Staaten und Völker Europas. Das Land war bestrebt, das „Gefühl europäischer Einheit“ zu vertiefen und seinen „Glauben an die europäische Idee“ (Figl, 1956) unter Beweis zu stellen. Der Weg der Zweiten Republik, der Österreicherinnen und Österreicher nach Europa hatte dafür lange vor der Entstehung der heutigen EU und Österreichs Beitritt am 1. Jänner 1995 begonnen (zu Österreich und der EU, siehe bspw. Gehler, 2006, 2020; Maurer, 2023). Bereits 1948 war die Republik der ersten wirtschaftlichen Integrationsorganisation, der OEEC, beigetreten. Kurz darauf nahmen die Verhandlungen über die Gründung einer politischen Dachorganisation für die Einigung Europas Fahrt auf (siehe Abschn. 1.1) und Österreich stand vor der schwierigen Frage, wann und wie es sich diesem **Europarat** und damit der „europäischen Familie" auch offiziell anschließen würde (siehe Abschn. 1.2).

Dieses *essential* greift das **70. Jubiläum des Beitritts Österreichs** zum Europarat im April 1956 auf. Wie bereits bei der Betrachtung Deutschlands im Europarat (vgl. Ludwig & Wassenberg, 2025), möchte ich damit zur **Perspektivenöffnung** in Österreich im Hinblick auf Europa beitragen und das **Bewusstsein für sowie das Wissen über die Arbeit** der großen politischen Integrationsorganisation neben der EU stärken. Die folgenden Kapitel bieten Studierenden und politisch Interessierten, Entscheidungstragenden, Multiplikatorinnen und Multiplikatoren einen einführenden Überblick über die Bedeutung des Europarats für Österreich und dessen Teilhabe an den Prozessen der paneuropäischen Organisation. In Fortsetzung meiner einschlägigen Vorarbeiten dazu liegt der Schwerpunkt auf der institutionellen Mitwirkung der Republik im Mehrebenensystem des Europarats (siehe Kap. 2), dem aktuellen Stand der Beteiligung an dessen Rechtsraum (siehe Kap. 3) sowie der zentralen Rolle der Europäischen Menschenrechtskonvention und des Europäischen Gerichtshofs für Menschenrechte für den österreichischen Grundrechteschutz (siehe Kap. 4). Abschließend betone ich die ungebrochene Bedeutung des Europarats für die Zukunft Österreichs und der Menschen, die hier leben (siehe Kap. 5).

1.1 Europas Werte und der Europarat

Nach den Zivilisationskatastrophen der ersten Hälfte des 20. Jahrhunderts ging es um ein neues Selbstverständnis der **„europäischen Familie".** (vgl. Wassenberg, 2012, 39) Europa als Ganzes bedurfte und bedarf dafür bis heute eines stabilen Fundaments, wie es Winston Churchill in seiner Zürcher Rede wegweisend anmahnte: „Wir müssen die europäische Völkerfamilie in einer regionalen Organisation neu zusammenfassen, die man vielleicht die Vereinigten Staaten von Europa nennen könnte. Der erste praktische Schritt wird die Bildung eines Europarats sein." (1946, 5)

Der **Europakongress in Den Haag** im Mai 1948 mit Teilnehmenden verschiedener Strömungen der Europabewegung aus Politik, Wirtschaft und Zivilgesellschaft aus 28 europäischen Staaten stellte dafür wichtige Weichen. (vgl. Loth, 2020, 9–25) Für Österreich nahmen daran zwölf Delegierte teil, unter ihnen sechs Abgeordnete zum Nationalrat, ein Hochschullehrer und fünf Vertreter aus der Wirtschaft. (vgl. Schwimmer, 2008, 57) Es bestand Einigkeit, dass Europas neues

Miteinander auf dem gemeinsamen Erbe von Demokratie, Menschenrechten und Rechtsstaatlichkeit basieren sollte. Eine **Wertegemeinschaft** somit Ausgangspunkt aller Bemühungen europäischer Einigung sei. Aufgrund der Vielfalt der vorhandenen Europakonzepte konnte sich der Kongress allerdings nicht auf eine bestimmte Form einer zu gründenden europäischen politischen Organisation einigen. Die „Föderalisten" befürworteten die Vergemeinschaftung von staatlicher Souveränität auf europäischer Ebene (**supranationale Logik** europäischer Integration, vgl. Weidenfeld, 2025, 22) und die Perspektive eines europäischen Bundesstaats. Die „Unionisten" hingegen setzten auf zwischenstaatliche Kooperation (**intergouvernementale Logik**, vgl. ebd.) in einem Staatenbund, ohne die Hoheitsrechte der Staaten anzutasten.

Nichtsdestotrotz gab der Kongress den nötigen Impuls für die europäischen Regierungen ab dem Herbst 1948 Verhandlungen zu beginnen, die zur **Gründung des Europarats** führten. (vgl. Brummer, 2008, 21 ff.; Wassenberg, 2024, 12 ff.) Am 5. Mai 1949 unterzeichneten die zehn Gründungsmitglieder (Belgien, Dänemark, Frankreich, Irland, Italien, Luxemburg, die Niederlande, Norwegen, Schweden und das Vereinigte Königreich) mit dem Londoner Vertrag dessen bis heute gültige Satzung (SEV Nr. 001), die am 3. August 1949 in Kraft trat. Der Europarat mit Sitz im französischen Straßburg (vgl. SEV Nr. 001, Art. 11) sollte als politische Dachorganisation die Einigung des Kontinents durch Kooperation der Staaten nicht nur weiter voranbringen, sondern insbesondere Hüter der ihr zugrunde liegenden Wertegemeinschaft sein:

> Der Europarat hat die Aufgabe, einen engeren Zusammenschluss unter seinen Mitgliedern zu verwirklichen, um die Ideale und Grundsätze, die ihr gemeinsames Erbe sind, zu schützen und zu fördern und um ihren wirtschaftlichen und sozialen Fortschritt zu begünstigen. (SEV Nr. 001, Art. 1a)

Seither nimmt der Europarat eine **Vorreiterrolle für das Projekt Europa** ein. (vgl. Wassenberg, 2018, 284–290) Dies gilt zum einen institutionell (siehe Kap. 2) und mit Blick auf Europas gemeinsame Identität: So wurde im Europarat schon 1954 die heutige **Europaflagge** mit zwölf Sternen, als Symbol europäischer Einigung verabschiedet. (vgl. Ludwig & Wassenberg, 2025, 10) 1971 nahm dessen Versammlung dann die „**Europahymne**" an. (vgl. Wassenberg, 2024, 72) Drei Österreicher spielten dabei eine Schlüsselrolle: der damalige Generalsekretär des Europarats Lujo Tončić-Sorinj, das steirische Mitglied des Bundesrats Josef Reichl, auf den der Vorschlag zu Ludwig van Beethovens „Ode an die Freude" zurückging, und der Dirigent Herbert von Karajan, der 1972 die offizielle Version der Hymne mit den Berliner Philharmonikern einspielte. (vgl. Parlament Österreich, O. J.; Schwimmer, 2008, 75) Der Europarat gestattete 1985 den damaligen Europäischen Gemeinschaften (EG), als Vorgänger der heutigen EU, die Mitverwendung von Flagge und Hymne. Sie sind seither das „gemeinsame Symbol für den Aufbau Europas, unabhängig von der Zugehörigkeit zu einer bestimmten Institution." (Europarat, 2024, 3)

Zum anderen treibt der Europarat satzungsgemäß den „engeren Zusammenschluss" des Kontinents inhaltlich durch das Erschließen neuer Politikfelder europäischer Integration voran. Angesichts neuer Herausforderungen aller Europäerinnen und Europäer entwickelt und setzt er als „Normentrepreneur" grenzüberschreitende Standards. Im Zentrum der Arbeit der heute paneuropäischen Organisation mit 46 Mitgliedsstaaten stehen dabei unverändert Demokratie, Menschenrechte und Rechtsstaat. Diese bilden den Kern des wachsenden Einigungswerks, das einen **gemeinsamen Rechtsraum für fast 700 Millionen Menschen** schafft. (siehe Kap. 3) Dieser fußt auf über 200 völkerrechtlichen Verträgen – mit der Europäischen Menschenrechtskonvention (EMRK) und dem Europäischen Gerichtshof für Menschenrechte (EGMR) im Zentrum. (vgl. Europarat, 2025c) Auf diese Weise wird letztlich Bertha von Suttners Idee immer mehr Realität: Frieden in Europa durch einen Staatenbund basierend auf geteiltem Recht.

Für Europas Wertegemeinschaft, Birte Wassenberg und ich haben dies an anderer Stelle kürzlich betont (vgl. 2025, 3 f.), besteht gegenwärtig jedoch die **Gefahr einer Erosion** der durch die Satzung des Europarats geschützten Prinzipien. Europa wird von zahlreichen inneren und äußeren Krisen erschüttert (Wirtschaft und Währung, Migration, Brexit, Covid19 usw.). Es sieht sich einer „**Polykrise**" gegenüber. (vgl. Ludwig, 2024a) Russlands Krieg gegen die Ukraine und der damit einhergehende Ausschluss der Russischen Föderation aus dem Europarat im März 2022 (vgl. Ludwig, 2022a) sowie autoritäre und illiberale Tendenzen in den europäischen Gesellschaften zeigen deutlich, wie gefährdet die Errungenschaften der europäischen Einigung sind und wie zerbrechlich deren Grundkonsens ist.

Politische und gesellschaftliche Spaltung sind zurück in Europa. Der Mehrwert grenzüberschreitender Lösungen wird durch einen neuen Nationalismus infrage gestellt. Europas Grundwerte stehen in vielen Staaten unter Druck und werden auch von außen gezielt unterminiert, mittlerweile sogar von vermeintlich engen Verbündeten Europas – konkret den Vereinigten Staaten unter der Präsidentschaft Donald Trumps. Entsprechend betonte der Gipfel der Staats- und Regierungschefs der 46 Mitgliedsstaaten in Reykjavík im Mai 2023 noch einmal die **Schlüsselrolle des Europarats für Europa als Ganzes**:

> Our European democracies are not established once and for all. We need to strive to uphold them each and every day, continuously, in all parts of our continent. The Council of Europe remains the guiding light that assists us in fostering greater unity among us for the purpose of safeguarding and realising these ideals and principles which are our common heritage. (Europarat, 2023, 3)

1.2   Österreich und der Europarat

Für Österreich war die Einigung Europas nach den traumatischen Erfahrungen zweier Weltkriege, des Ständestaats, des Nationalsozialismus und des Völkermords einerseits die Hoffnung auf eine bessere Zukunft. Aufgrund der fehlenden vollen staatlichen Souveränität und der Besatzung durch die Siegermächte nach 1945 konnte die Zweite Republik jedoch andererseits zunächst nicht voll selbstbestimmt daran mitwirken. Nichtsdestotrotz wollte und sollte Österreich am Aufbau des neuen Miteinanders in Europa teilhaben und Winston Churchills Aufforderung nachkommen:

> Wenn das Gefüge der Vereinigten Staaten von Europa gut und richtig gebaut wird, so wird die materielle Stärke eines einzelnen Staates weniger wichtig sein. Kleine Nationen werden genau so viel zählen wie große, und sie *werden sich ihren Rang durch ihren Beitrag für die gemeinsame Sache sichern.* (1946, 4)

Während eine aktive Beteiligung an den frühen Projekten der militärischen Integration (Brüsseler Pakt und später NATO) aus Rücksicht auf die sowjetische Besatzungsmacht undenkbar schien, nahm die Bundesregierung im wirtschaftlichen Bereich die Konfrontation mit Moskau in Kauf. Die Abhängigkeit von materiellen und finanziellen Hilfen der Vereinigten Staaten und Kanadas für den Wiederaufbau Österreichs sowie die langsam wachsende wirtschaftliche Verflechtung mit Westeuropa machten eine Teilnahme am **Marshall-Plan** entscheidend. (vgl. Gehler, 2006, 17–44) Die Republik wurde entsprechend Gründungsmitglied der im April 1948 gegründeten OEEC, der wirtschaftlichen Integrationsorganisation, die die Verteilung dieser Hilfen koordinieren sollte. (vgl. Clemens et al., 2008, 72 ff.) **Österreichs Weg nach Europa hatte begonnen**: Das Land machte seine ersten Schritte in das neue institutionalisierte „Europa der Staaten“ und entwickelte sich zugleich schrittweise zu einem festen Bestandteil des westlichen liberalen Wirtschaftssystems. Dieser „Balanceakt“ bzw. das politische Wagnis, die wirtschaftlichen Marshall-Hilfen in Anspruch zu nehmen, sollte sich auszahlen: Österreich erhielt die zweitgrößte Pro-Kopf-Rate an Unterstützung des *European Recovery Program,* während es noch bis 1960 Reparationszahlungen an die Sowjetunion leisten musste (vgl. Prettenthaler-Ziegerhofer, 2007, 181).

Den politisch weitergehenden nächsten europäischen Schritten in Folge des Haager Europakongresses im Mai 1948 stand die Bundesregierung jedoch zurückhaltend gegenüber. Die Sicherung der territorialen Integrität und die Wiederherstellung der vollen staatlichen Souveränität im Zuge der ohnehin heiklen Verhandlungen über die **„Österreichische Frage"** und den Staatsvertrag (vgl. Stourzh & Müller, 2020) gingen vor. Diese Haltung betraf im Kontext der europäischen Einigung konkret zunächst den Europarat, Europas neue politische Dachorganisation, später aber in gleicher Weise das Integrationsprojekt der EGKS. (vgl. Gehler & Kaiser, 1997, 81 ff.). Österreichs Außenpolitik blieb zu beiden auf Distanz. Dies geschah nicht zuletzt gewollt im Unterschied zur im Mai 1949 gegründeten Bundesrepublik Deutschland. Bereits im Juli 1950 wurde sie assoziiertes und am 2. Mai 1951 Vollmitglied des Europarats sowie 1952 Gründungsmitglied der EGKS (vgl. Ludwig & Wassenberg, 2025, 7 ff.).

Einige Abgeordnete zum Nationalrat signalisierten hingegen schon im Sommer 1949 ausdrücklich ihre **Verbundenheit zum Europarat.** Allen voran ist Eduard Ludwig (ÖVP) zu nennen. Er versicherte in Straßburg aus Anlass der ersten Sitzung der Beratenden (heute Parlamentarischen) Versammlung im August, „dass Österreich im Rahmen der gegebenen Möglichkeiten mit allen Kräften an der Realisierung wirklicher europäischer Friedenspolitik mitwirken wird." (zitiert in: Burtscher, 1988, 38) Das Ministerkomitee befürwortete in einer Resolution im November desselben Jahres dann auch ausdrücklich den ehestmöglichen Beitritt Österreichs. Es behielt sich allerdings vor und entsprach damit der Linie der Bundesregierung, eine abschließende Entscheidung erst nach dem Abschluss des Staatsvertrags und dem Abzug aller Besatzungstruppen zu treffen. (vgl. CM/Res[1949]22) Da die Verhandlungen über beides aufgrund des Korea-Kriegs ab 1950 aber über Jahre stagnierten, erfolgte statt der erhofften raschen Aufnahme der Republik eine **schrittweise Annäherung an den Europarat** und dessen Institutionen (vgl. Burtscher, 1988, 40–46; Wassenberg, 2012, 75 ff.).

Mit dem Staatsvertrag am 15. Mai (vgl. BGBl. 152/1955) und der Erklärung der immerwährenden Neutralität am 26. Oktober 1955 (vgl. BGBl. 211/1955), der einhergehenden vollen Souveränität, außenpolitischen Handlungsfähigkeit Österreichs sowie dem Ende der Besatzung (vgl. Cede & Prosl, 2018, 25 ff.), wurde die Mitgliedschaft in der Straßburger Organisation greifbar. Nach dem Beitritt zu den Vereinten Nationen am 14. Dezember 1955 (vgl. BGBl. 120/1956) wuchs der innenpolitische Druck dafür stetig, insbesondere von Seiten der SPÖ: Am 21. Februar 1956 beschloss der Ministerrat, die Vollmitgliedschaft im Europarat zu beantragen. Der Nationalrat genehmigte den für einen Beitritt erforderlichen völkerrechtlichen Vertrag nach einer leidenschaftlichen Aussprache am 1. März; der Bundesrat erhob keinen Einspruch. Bereits am 8. März bestätigte das

Ministerkomitee des Europarats wiederum die **Aufnahme Österreichs** als 15. Vollmitglied. (vgl. CM/Res[1956]4) Die Beitrittsurkunde wurde schließlich am 16. April 1956 in Straßburg hinterlegt und die Republik nahm satzungsgemäß formal ihren Platz in den Organen des Europarats ein. (vgl. BGBl. 121/1956) In seiner Rede im Ministerkomitee am selben Tag unterstrich Außenminister Leopold Figl (ÖVP) die Bedeutung des Beitritts und **Österreichs Bekenntnis zu Europas Wertegemeinschaft:**

Our country's entry into this organisation is the realisation of a long-standing desire not only of the Austrian Government but also of the whole people of Austria. Austria belongs to Western culture by virtue both of its intellectual tradition and historical development. In the course of our history we have, on several occasions, been the outpost defending the common values and the ideals which are dear to us all. The feeling of European unity is deeply rooted in Austria. We therefore regard our co-operation within the Council of Europe as an act of faith in the European idea. (1956)

Der Beitritt zum Europarat war ein **europapolitischer Schlüsselmoment für Österreich**: Zehn Jahre nach dem Ende des Zweiten Weltkriegs und dem Sturz des Nationalsozialismus markierte die Aufnahme offiziell die Rückkehr der Österreicherinnen und Österreicher in die „europäische Familie". Mit dem Bekenntnis zu deren Grundwerten, Demokratie, Menschenrechte und Rechtsstaatlichkeit, wurde das Land vollwertiger Teil des wachsenden neuen Miteinanders in Europa.

Dieser Schritt war ausdrücklich trotz Österreichs **Neutralität** möglich, die der Teilhabe an den Prozessen europäischer Integration Grenzen setzte. Ein Umstand, der schon früh als Ambivalenz österreichischer Europapolitik oder als „Umweg nach Europa" (vgl. Gehler, 2006, 358) kritisch diskutiert wurde. Mittlerweile vor allem durch den Beitritt zur EU rechtlich auf ihren militärischen Kern reduziert, zugleich aber tief in der österreichischen außenpolitischen und nationalen Identität verwurzelt, wirft die Neutralität noch heute politisch schwierige Fragen für Politik und Gesellschaft auf. (vgl. Cede & Janik, 2025; Gärtner, 2023; Gebhard, 2013; Senn, 2023) Im Grundsatz bedeutete und bedeutet die österreichische Neutralität aber nie einen Relativismus der Werte: Seit 1945 zeigt Österreichs politischer, wirtschaftlicher und gesellschaftlicher Kompass nach Westen. Sie ist zuvorderst eine militärische und verteidigungspolitische Angelegenheit. Es war (und ist) insofern von entscheidender Bedeutung, dass der Europarat für alle Themenfelder der europäischen Einigung zuständig ist – außer für Fragen der „nationalen Verteidigung". (SEV Nr. 001, Art. 1d; vgl. Wassenberg, 2012, 76) Die Straßburger Organisation kann daher seit 70 Jahren europapolitischer Ankerpunkt für Österreich sein und ermöglicht es dem Land, einen aktiven Beitrag zu Europas Einigung zu leisten, ohne seinen neutralen Status aufzugeben. Im Übrigen ist 1963 auch die neutrale Schweiz dem Europarat beigetreten (vgl. Dodis, O. J.).

Der Europarat bietet Österreich insofern die Möglichkeit, „in der Gesellschaft der europäischen Demokratien gleichberechtigt und aktiv an der **multilateralen Europapolitik,** am europäischen Integrationswerk und damit am europäischen **Friedensprojekt** teilzunehmen [...]. Auch wurde die Mitgliedschaft [lange] als ein Element einer umfassenderen Politik zur Absicherung der **Unabhängigkeit und Eigenständigkeit Österreichs** gesehen." (Hack, 2008, 122) Er erleichtert es der Republik kurzum, wie generell die Mitgliedschaft in internationalen Organisationen (vgl. Thorhallsson & Steinsson, 2017, 11 f.), ihre zentralen außenpolitischen Interessen als Kleinstaat in der Mitte Europas zu verfolgen. (vgl. Gebhard, 2013, 284 f.) Durch seinen aktiven Beitrag und sein vielfältiges Engagement für die Einigung Europas und die Wertegemeinschaft gewinnt Österreich dabei ganz im Sinne Winston Churchills **europapolitisches Ansehen und damit Einfluss.** Beides wird besonders sichtbar, wenn man die im Verhältnis zur Bevölkerungsgröße überproportional zahlreichen Führungspositionen in den Gremien des Europarats betrachtet, die in den letzten sieben Jahrzehnten durch Österreicherinnen und Österreicher eingenommen worden sind. (siehe Kap. 2; vgl. Schwimmer, 2008, 74) „Von 2002 bis 2004 waren [sogar] die drei höchsten Spitzenpositionen mit Österreichern (Schwimmer, Schieder, van Staa) besetzt, eine in der Geschichte dieser Organisation einmalige Konstellation." (BMEIA, O. J.)

Die Republik bewies darüber hinaus schon kurz nach dem Beitritt ihre **Glaubwürdigkeit** in Europas Wertegemeinschaft: Im Dezember 1957 unterzeichnete Österreich die EMRK, die hier am 3. September 1958 in Kraft trat. Doch damit nicht genug: 1964 wurde sie in Verfassungsrang gehoben. (vgl. Pabel, 2023, 829 ff.) Dieser besondere Status im Grundrechteschutz ist bis heute im europäischen Vergleich herausragend. (siehe Abschn. 4.1) Der Europarat spielt damit als Hüter der Grund- und Menschenrechte eine unmittelbare und konkrete Rolle im Leben aller Menschen in Österreich. Diese Art und Weise der **Europäisierung Österreichs** durch das Recht schreitet seit sieben Jahrzehnten mit jeder weiteren Beteiligung an Verträgen, Teilabkommen und sonstigen Projekten des Europarats voran. Österreich wird so zunehmend Teil des „engeren Zusammenschlusses" Europas durch den wachsenden gemeinsamen Rechtsraum, den der Europarat seit seiner Gründung weiter aufspannt (siehe Kap. 3).

1.3   Im Schatten der EU

Doch nicht erst seit dem Beitritt zur EU 1995 liegt in weiten Teilen der österreichischen Parteienlandschaft und der Medien der europapolitische Fokus auf Brüssel. (bspw. Cede & Prosl, 2018, 86 ff.; Gehler, 2006, 2020) Dabei spielte das primäre Interesse der Republik an der wirtschaftlichen Integration der EG/ EU ebenso eine Rolle wie die Entwicklung der unterschiedlichen Prozesse europäischer Integration.

Wie eingangs erwähnt, gab es von Beginn an mehrere Wege nach Europa. In den 1950er und 1960er Jahren spielte der Europarat tatsächlich die ihm zugedachte politische Rolle als Dachorganisation der europäischen Einigung und Ort der zentralen Debatten über Europas Zukunft. Ab den 1970er Jahren, nach dem Beitritt des Vereinigten Königreichs zu den EG, verschob sich das politische Momentum jedoch in Richtung der Vorläufer der heutigen EU. Die einhergehende Identitätskrise des Europarats verschärfte bei allen wichtigen Fortschritten europäischer Einigung dieser Zeit das Ungleichgewicht weiter. (vgl. Wassenberg, 2024, 11–108) In diesem Zuge verbreitete sich insbesondere unter den EG-Mitgliedsstaaten (aber eben auch darüber hinaus) eine im Laufe der Zeit stärker werdende **Verengung der europäischen Perspektive** (vgl. Patel, 2018, 44 ff.; 2020). Weder die Renaissance des Europarats nach dem Ende des Kalten Kriegs, dessen paneuropäischer Elan seither (vgl. Wassenberg, 2024, 109–232), die wachsende Aufgabenteilung mit der EU seit 2007 (vgl. Brummer & Wassenberg, 2024, 396 ff.), noch der Brexit oder die wegweisenden Beschlüsse seiner Mitgliedsstaaten zur Rolle des Europarats für die Zukunft europäischer Einigung (vgl. Europarat, 2023) konnten an dieser einseitigen Wahrnehmung bisher etwas ändern.

Eine vereinfachende Sicht der Geschichte und Gegenwart europäischer Einigung dominiert auch im österreichischen Fall den akademischen wie auch politischen, medialen und öffentlichen Europadiskurs. Symptomatisch dafür ist: „Die Menge an Literatur zu Österreichs Mitgliedschaft im Europarat hält sich in Grenzen – egal, ob man akademische, populärwissenschaftliche oder biografische Werke konsultiert." (Weiler, 2023, 765) Eine wichtige Ausnahme stellen hierbei das Justizwesen und die Rechtswissenschaften in Österreich dar, die sich aufgrund des besonderen Rangs der EMRK zumindest mit dieser Facette des Europarats berufsbedingt intensiv befassen, die sie „gewissermaßen mit der verfassungsrechtlichen Muttermilch [...] in sich aufnehmen" (Pabel, 2023, 840).

Trotz des zentralen Stellenwerts des Europarats für Österreich und die hier lebenden Menschen seit den späten 1940er Jahren überschattet der „lange Weg nach Brüssel" (Gehler, 2020, 887) im kollektiven Erinnern insofern Straßburg und schiebt dessen Prozesse europäischer Integration seither allzu oft beiseite. Die Einschätzung des früheren Ständigen Vertreters Österreichs beim Europarat, Ulrich Hack, bleibt daher zutreffend: „Der Europarat ist zwar nicht vergessen, aber er ist noch stärker in den Hintergrund des Bewusstseins gedrängt worden." (2008, 133) Waldemar Hummer bringt es anders auf den Punkt:

> [...] seit dem Beitritt Österreichs zur EU [stellt] die Integrationspolitik im Rahmen der Europäischen Union [...] nicht nur den Kernbestand der österreichischen ‚Europapolitik' dar, sondern [wird] geradezu als deren Synonym angenommen. (2015b, 45)

Vor diesem Hintergrund wirken die abschließenden Worte Bundespräsident Alexander Van der Bellens in seiner Rede vor der Parlamentarischen Versammlung des Europarats am 25. Jänner 2018 wie eine Art europapolitischer Selbstvergewisserung der Republik:

> Österreich wurde im April 1956 in den Europarat aufgenommen. [...] An unserer Unterstützung für den Europarat hat auch der 1995 erfolgte Beitritt zur EU keine Änderung bewirkt. Ganz im Gegenteil. Österreich ist entschlossen, dieses positive Engagement fortzuführen. (2018)

Es ist daher nicht überraschend, dass der Europarat auch in Österreich seit Langem nur wenig politische und noch weniger mediale Aufmerksamkeit erhält. Dadurch leidet seine Sichtbarkeit in der Öffentlichkeit erheblich. Selbst bei Menschen, die sich für das Projekt Europa interessieren, fehlt oft das Bewusstsein für den Europarat und seine Arbeit. Erschwerend kommen die begrenzten personellen und finanziellen Ressourcen der Außenpolitik eines Kleinstaats hinzu. (vgl. Thorhallsson & Steinsson, 2017, 4 f.) Entsprechend fokussiert sich Österreichs Politik auf allen Ebenen auf die EU, ihren Binnenmarkt und ihre Fördertöpfe, die schon aufgrund wirtschaftlicher und seit Russlands Angriffskrieg auf die Ukraine auch zunehmend geopolitischer Erwägungen als prioritär wahrgenommen werden.

Wie ich in den folgenden Kapiteln zeigen werde, wird dieses **Schattendasein des Europarats** allerdings weder seiner entscheidenden Bedeutung für Europa als Ganzes, insbesondere auch für Österreich und die hier lebenden Menschen, noch dem aktiven Beitrag der Republik zu Europas Wertegemeinschaft seit 70 Jahren gerecht. In diesem Sinne richtet sich Petra Bayrs (SPÖ) Appell in ihrer Antrittsrede als Präsidentin der Parlamentarischen Versammlung des Europarats am 26. Jänner 2026 (vgl. Abschn. 2.3) auch an ihr Heimatland:

[A] central task lies in the strengthening of the visibility of the Council of Europe. […] Too many people are unaware that their life is under protection. Too few people know that they can turn to the European Court of Human Rights. We must bring the Council of Europe closer to citizens, especially to younger citizens, explaining not only what we are, but why we matter. (2026)

Institutionelle Mitwirkung Österreichs im Europarat 2

Der Europarat bleibt nach 70 Jahren Mitgliedschaft eine der zentralen europäischen Integrationsorganisationen für Österreich. Die Beteiligung an seiner Arbeit verbessert das Leben der Menschen im Land im Sinne eines freien, demokratischen und gerechten Miteinanders als Teil der „europäischen Familie". Die Teilhabe der Republik an den Prozessen der paneuropäischen Organisation ist daher ein wichtiger Bestandteil ihrer Europa- und Menschenrechtspolitik. „Der Europarat ist [dabei in der Tat] jene internationale Organisation, in deren Rahmen sich Österreich wie bei keiner anderen profilieren konnte" (BMEIA, O. J.) – und bis heute kann. Dies zeigt sich vor allem am starken Engagement zahlreicher österreichischer Vertreterinnen und Vertreter in führenden Positionen der Organisation. Vor diesem Hintergrund befasst sich dieses Kapitel mit der gegenwärtigen österreichischen Mitwirkung am politischen System des Europarats.

2.1 Das politische System des Europarats

Im Unterschied zum Brüsseler Pakt, der OEEC, der NATO und später der EGKS war der Europarat von Beginn an keine klassische zwischenstaatliche Organisation, die auf Initiative der Regierungen gegründet wurde und in der diese allein die Entscheidungen treffen. Schon der Impuls zu seiner Gründung kam maßgeblich aus der Europabewegung und seine Satzung stellte im Mai 1949 einen politischen Kompromiss zwischen den eingangs erwähnten Ideen der „Föderalisten" und der „Unionisten" dar. Die Schaffung einer Vertretung der nationalen Parlamente als zweiter Säule des politischen Systems des Europarats (vgl. SEV Nr. 001, Art. 22 ff.) war dabei ein wichtiger Schritt, um gewählte Repräsentantinnen und Repräsentanten

© Der/die Autor(en), exklusiv lizenziert an Springer Fachmedien Wiesbaden GmbH, ein Teil von Springer Nature 2026
A. N. Ludwig, *Österreich im Europarat*, essentials,
https://doi.org/10.1007/978-3-658-51505-8_2

der Bürgerinnen und Bürger der Mitgliedsstaaten in die europäische Einigung einzubinden. Das zunächst „Beratende", ab Juli 1974 „Parlamentarische Versammlung" genannte Organ war nicht nur institutionell innovativ, sondern setzte auch Standards für nachfolgende europäische Integrationsorganisationen, konkret die EGKS bzw. die spätere EU, und erwies sich immer wieder als wichtige Triebkraft für die Entwicklung des Europarats selbst (vgl. Wassenberg, 2024, 14 ff.).

Auf diesen Grundlagen hat sich das politische System des Europarats im Interesse des „engeren Zusammenschlusses" der Europäerinnen und Europäer sowie des Schutzes europäischer Grundwerte weiterentwickelt und ausgeweitet. Die Gesamtheit der Institutionen, Normen und Verfahren des Europarats präsentiert sich heute als komplexes **Mehrebenensystem,** wie es auch für andere Organisationen charakteristisch ist – insbesondere die EU oder die Vereinten Nationen (vgl. Knodt & Große Hüttmann, 2012; Panke, 2018. Zur Komplexität sozialer Systeme und den Grundlagen der Komplexitätsforschung siehe Ludwig, 2020, Kap. 1 und 3; 2023, 28–32).

„In der europäischen Mehrebenenpolitik muss eine hohe Anzahl unterschiedlicher Akteure mit einer großen Anzahl unterschiedlicher Interessen zusammenarbeiten, damit Input in Output umgewandelt werden kann [...]." (Panke, 2018, 1876) Was für das „kleinere Europa" der EU gilt, trifft im Falle des Europarats erst recht zu. Mit seinen zehn Gründerstaaten und den zahlreichen Beitritten im Anschluss vertrat er stets das „größere Europa". Heute gehören der paneuropäischen Organisation 46 europäische Staaten an, mit den Ausnahmen Russland (seit 2022 ausgeschlossen), Belarus und des Sonderfalls Kosovo. Österreichs Beitritt 1956 stellte den Beginn einer zweiten Erweiterungswelle dar, in der 1961 Zypern, 1963 die Schweiz und 1965 schließlich Malta folgten. Die seit der Gründung angestrebte **Paneuropäisierung** des Europarats (vgl. SEV Nr. 001, Art. 4) erhöhte allerdings die Zahl der Akteure und damit die der möglichen Vetospieler stetig, insbesondere nach dem Ende des Ost-West-Konflikts 1989/90. Österreich stand der Erweiterung des Europarats dabei stets ausdrücklich wohlwollend gegenüber (vgl. Hack, 2008, 127 ff.) und wurde von vielen Staaten Mittel- und Osteuropas als „logischer Mittler zur Familie der europäischen Demokratien im Europarat" (Schwimmer, 2008, 71) gesehen. Dieser Prozess brachte dem Europarat viele Chancen, aber auch Unsicherheiten für die Umsetzung seiner Aufgaben. Der Fall Russlands – von dessen umstrittener Aufnahme in den Europarat im Jahr 1996 bis zu dessen Ausschluss im März 2022 im Kontext des Angriffskriegs gegen die Ukraine – ist hierfür ein tragisches Negativbeispiel, aktuell gefolgt von Aserbaidschan und der Türkei (vgl. Brummer, 2022; Gawrich & Schöppner, 2024).

Doch die Zahl der Akteure, die an der Arbeit des Europarats beteiligt sind, ist nicht nur durch neue Mitgliedsstaaten gewachsen, sondern bereits seit Anfang der 1950er Jahre auch durch institutionelle und inhaltliche Neuerungen, die eine bessere Bewältigung der Aufgaben der Straßburger Organisation ermöglichen sollten. Dem Leitbild eines **„Europas aller Ebenen"** (vgl. Ludwig, 2024b, 444 ff.) folgend umfasst ihr Mehrebenensystem heute vertikal alle politischen Ebenen – von den Kommunen und Regionen über die Mitgliedsstaaten bis zu den europäischen Institutionen des Europarats. Zum anderen bezieht es horizontal unterschiedliche nicht-politische Akteure mit ein. Der frühe Beginn dieser Ausweitung hin zu einem Mehrebenensystem, im Unterschied zu den Vorläufern der EU, und dessen mittlerweile feststellbare Reichweite und Vielfalt machen den Europarat auch in dieser Hinsicht zu einem Pionier im Kontext der europäischen Einigung.

Die Satzung des Europarats sieht mit zwei „Hauptorganen", Ministerkomitee und Parlamentarischer Versammlung sowie zu deren Unterstützung, das „Hilfsorgan" Sekretariat, ein ursprünglich vergleichsweise reduziertes Institutionenmodell vor. (vgl. SEV Nr. 001, Art. 10; Brummer, 2008, 19) Der Europarat selbst verzichtet auf eine Hierarchisierung seiner „Institutionen", die jede eine „entscheidende Rolle" (2024, 4) für das Funktionieren der Gesamtorganisation und deren Mehrebenensystem spielten. Als Institutionen des Europarats werden aktuell gezählt:

- das Ministerkomitee
- die Parlamentarische Versammlung
- der Kongress der Gemeinden und Regionen
- das Sekretariat
- die Generalsekretärin bzw. der Generalsekretär sowie dessen Stellvertreterin oder Stellvertreter
- die Menschenrechtskommissarin bzw. der Menschenrechtskommissar
- die Konferenz der Internationalen Nichtregierungsorganisationen
- der Europäische Gerichtshof für Menschenrechte (EGMR) (formal ein Organ der Europäischen Menschenrechtskonvention [EMRK], siehe Abschn. 4.2)

Im Folgenden werden diese Institutionen des Europarats kurz vorgestellt und Österreichs Mitwirkung an diesen aufgezeigt.

2.2 Ministerkomitee

Obwohl der Europarat im Laufe seiner Entwicklung ein Mehrebenensystem ausgebildet hat und heute etliche Institutionen im Sinne der Mission für Demokratie, Menschenrechte und Rechtsstaatlichkeit einbezieht, bleibt das Ministerkomitee – das klassische Organ zwischenstaatlicher Kooperation – sein zentrales Entscheidungsgremium. (vgl. SEV Nr. 001, Art. 13 ff.) „Es bestimmt die Politik der Organisation und verabschiedet den Haushalt und das Arbeitsprogramm." (Europarat, 2024, 4) Das Komitee tritt in verschiedenen Formaten zusammen, einmal die Außenministerinnen und -minister sowie auf Botschafterebene im „Komitee der Ministerbeauftragten" (KMB). Daneben gibt es „Sonderforen", wie das Gipfeltreffen der Staats- und Regierungschefs des Europarats oder Fachministerkonferenzen (vgl. Brummer, 2008, 34).

Der **Gipfel der Staats- und Regierungschefs** war eine der institutionellen Neuerungen im Mehrebenensystem des Europarats im Zuge der tiefgreifenden Veränderungen Europas nach Ende des Ost-West-Konflikts. (vgl. Wassenberg, 2024, 136 ff.) Insgesamt fanden bis dato vier dieser Treffen auf höchster Ebene statt: das erste auf Einladung der österreichischen Bundesregierung in Wien im Oktober 1993, dann in Straßburg im Oktober 1997, in Warschau im Mai 2005 und in Reykjavík im Mai 2023. Jeweils wurden Richtungsentscheidungen getroffen und in den Gipfelerklärungen festgehalten, die die inhaltliche Arbeit wie auch die institutionelle Zukunft der Organisation prägten. (vgl. Europarat, O. J.c) Für Österreich nahmen federführend 1993 Bundeskanzler Franz Vranitzky (SPÖ) und seit 1997 jeweils die Bundespräsidenten teil: zunächst Thomas Klestil und 2005 Heinz Fischer. Beim letzten Treffen auf Island wies Bundespräsident Alexander Van der Bellen insbesondere auf den Scheideweg hin, an dem sich Europa befände: „Erliegen wir dem Ruf der einfachen Lösungen, des „starken Manns", der sich nicht um das demokratische Ringen nach der besten Lösung kümmern muss? [...] Oder wählen wir den Weg des Rechts, des Rechtsstaats, der uns seit 1945 Sicherheit und damit enormen Wohlstand gebracht hat." (2023) Entsprechend unterstrich er sodann die Bedeutung des Europarats und insbesondere der EMRK für die Zukunft des Kontinents, gerade in Krisenzeiten.

Das eigentliche **Ministerkomitee** besteht aus den 46 Außenministerinnen und -ministern der Mitgliedsstaaten. Für Österreich ist der oder die amtierende Bundesministerin bzw. -minister für Europa und internationale Angelegenheiten Mitglied des Gremiums, derzeit also Beate Meinl-Reisinger (NEOS) (seit März 2025). Die Sitzungen finden in der Praxis einmal im Jahr statt, wenn Mitte Mai der Vorsitz im Ministerkomitee wechselt. Es ist üblich, dass in diesem Zuge wichtige formale Beschlüsse gefasst werden, wie etwa neue Europaratsverträge. (vgl.

Palmer, 2023, 106) Auch zum zweiten Vorsitzwechsel im November war eine Sitzung der Minister bis 2004 üblich. Die schwache Präsenzkultur, selbst bei den wenigen, noch verbliebenen Terminen des Ministerkomitees, führt seit geraumer Zeit zu Fragen nach dem Stellenwert des Europarats für die Regierungen. (vgl. Wassenberg, 2024, 236) Auch Österreich muss sich hier angesprochen fühlen: Während Meinl-Reisingers Vorgänger, Alexander Schallenberg (ÖVP), seit 2020 durch seine regelmäßige Teilnahme an den Sitzungen auffiel, ließen sich auch die österreichischen Amtsträger im letzten Jahrzehnt vergleichsweise oft vertreten, wie die Protokolle des Ministerkomitees zeigen. (vgl. Europarat, O. J.b) Ulrich Hack versuchte dieses Phänomen schon 2008 mit der „ungewöhnlichen Zunahme an Terminen und Verpflichtungen, insbesondere seit dem Beitritt zur EU" (2008, 137) zu entschuldigen. Der Bedeutung des Gremiums als zentrales Entscheidungsorgan der zweiten großen politischen Integrationsorganisation Europas wird die offenkundige mangelnde Priorisierung im Terminkalender der Minister nicht gerecht. Die Sichtbarkeit der paneuropäischen Organisation in Österreich wie in der europäischen Öffentlichkeit allgemein wird dadurch jedenfalls sicher nicht verbessert, Europas Einigung auf diese Weise ein Bärendienst erwiesen.

In der Praxis tragen aber ohnehin die in Straßburg befindlichen Vertreterinnen und Vertreter der Minister, die sog. **Ministerbeauftragten** (also die Ständigen Vertreterinnen und Vertreter der Mitgliedsstaaten beim Europarat, zumeist im Rang eines Botschafters), die Hauptlast der Arbeit der Institution. Österreich unterhält dafür an der Avenue de la Paix eine Ständige Vertretung. Ministerbeauftragte und Ständige Vertreterin beim Europarat ist derzeit Botschafterin Aloisia Wörgetter (vgl. Ständige Vertretung Europarat, O. J.b; Schwimmer, 2008, 75 f.).

Unter Aufsicht der Ministerbeauftragten, die zumeist einmal wöchentlich zusammenkommen, finden alle Aktivitäten des Komitees statt: von der Vorbereitung der Ministersitzungen, über die Erarbeitung neuer Abkommen und des jährlichen Arbeitsprogramms für den Europarat als Ganzes, der Überwachung (dem sog. Monitoring) der umfangreichen bestehenden Übereinkünfte, bis hin zur Kontrolle der Umsetzung der Urteile des EGMR. (vgl. Palmer, 2023, 107 ff.) Satzungsgemäß benötigen die meisten Beschlüsse des Ministerkomitees bzw. des KMB keine Einstimmigkeit. (vgl. SEV Nr. 001, Art. 20) Üblicherweise wird dennoch ein Konsens unter den Mitgliedsstaaten angestrebt.

Die inhaltlichen Impulse der Institution setzt im Rahmen des Arbeitsprogramms der Gesamtorganisation der halbjährlich, in alphabetischer Reihenfolge (des englischen Staatsnamens) rotierende **Vorsitz im Ministerkomitee** bzw. der KMB. Österreich hatte diesen bislang sechs Mal inne, zuletzt von November 2013 bis Mai 2014. Aufgrund der großen Mitgliederzahl des Europarats kommt dies mittlerweile nur mehr alle gut 20 Jahre vor. Als Schwerpunkte des letzten österreichischen

Vorsitzes galten „jene Themen, in denen die Rechts- und Politikinstrumente des Europarats von besonderer Bedeutung und Aktualität sind: Kampf gegen den Menschenhandel; Sicherung der Meinungs- und Medienfreiheit, v. a. auch im Internet, sowie Schutz von JournalistInnen; Schutz von Frauen vor Gewalt; Fragen des sozialen Zusammenhalts, insbesondere in Bezug auf die Lebenssituation von Menschen mit Behinderungen [...]." (BMEIA, O. J.; vgl. CM/Inf[2013]32)

2.3   Parlamentarische Versammlung

Laut Satzung des Europarats bildet die Parlamentarische Versammlung das institutionelle Gegenstück zum Ministerkomitee. Obwohl das Organ 1949 besonders innovativ im Kontext europäischer Einigung war, wurden seine Kompetenzen im System Europarat zunächst primär beratend angelegt und damit der zwischenstaatliche Charakter der Organisation gewahrt. (vgl. SEV Nr. 001, Art. 22; Brummer, 2008, 93) Neben der Erarbeitung inhaltlicher Empfehlungen für das Ministerkomitee liegen eine Reihe weiterer Aufgaben bei der Versammlung, insbesondere die Wahl des Generalsekretärs und des Stellvertreters, des Menschenrechtskommissars und der Richterinnen und Richter des EGMR. Ferner nimmt sie wichtige Kontroll- und Prüffunktionen mit Blick auf die Arbeit des Ministerkomitees, anderer Institutionen und vor allem auch der Mitgliedsstaaten des Europarats wahr, konkret etwa in Form von Wahlbeobachtung oder der Thematisierung von Verstößen gegen Europas Grundwerte. Durch die institutionelle Einbindung von Mitgliedern der Parlamente der Mitgliedsstaaten trägt sie seit jeher entscheidend zur demokratischen Legitimation des Mehrebenensystems Europarat bei. Bis heute ist sie der „**Motor und das Gewissen Europas**" (Kleinsorge, 2023), ein zentrales Forum der Sicherung und Weiterentwicklung europäischer Einigung.

Der Parlamentarischen Versammlung, die in der Regel vier Mal im Jahr im Europapalast in Straßburg zu Plenartagungen zusammenkommt, gehören 306 Mandatare aus den 46 Staaten des Europarats an. Die Zahl hängt von der Größe der jeweiligen Staaten ab. Österreich entsendet sechs Delegierte sowie sechs Stellvertreter. (vgl. SEV Nr. 001, Art. 26) Die Satzung des Europarats macht einige Vorgaben zur Entsendung der Mitglieder. (vgl. SEV Nr. 001, Art. 25) Für Österreich heißt das: Diese müssen entweder Abgeordnete zum Nationalrat oder Mitglieder des Bundesrats sein. Die jeweilige Sitzverteilung der Parteien in den Parlamentskammern ist zu berücksichtigen. In der Praxis werden, den üblichen parlamentarischen Verfahren laut jeweiliger Geschäftsordnung folgend, die Delegierten auf Vorschlag der Parlamentsklubs bzw. Fraktionen aus der Mitte von Nationalrat und Bundesrat gewählt. Von Beginn an waren prominente Politikerinnen und Politiker

Tab. 2.1 Österreichische Delegation in der Parlamentarischen Versammlung des Europarats, Stand: Februar 2026

Delegierte	Ersatzdelegierte
Mag. Dr. Martin Graf (FPÖ), Abg. zum Nationalrat (Delegationsleiter)	MMMag. Dr. Axel Kassegger (FPÖ), Abg. zum Nationalrat
Dr. Susanne Fürst (FPÖ), Abg. zum Nationalrat	Sandra Jäckel (FPÖ), Mitglied des Bundesrats
Johannes Schmuckenschlager (ÖVP), Abg. zum Nationalrat,	Andreas Minnich (ÖVP), Abg. zum Nationalrat (Stellv. Delegationsleiter)
Dr. Andrea Eder-Gitschthaler (ÖVP), Mitglied des Bundesrats	Dominik Oberhofer (NEOS), Abg. zum Nationalrat
Doris Bures (SPÖ), Dritte Präsidentin des Nationalrats	Mag.ª Claudia Arpa (SPÖ), Mitglied des Bundesrats
Petra Bayr MA MLS (SPÖ), Abg. zum Nationalrat	Mag. Agnes Sirka Prammer (Grüne), Abg. zum Nationalrat

Mitglieder der österreichischen Delegation (vgl. Schwimmer, 2008, 74 f.) – dies gilt bis heute.

Tab. 2.1 listet die zwölf (Ersatz-)Mitglieder der **österreichischen Delegation** mit Stand Februar 2026 (Parlament Österreich, 2026).

Martin Graf (FPÖ) leitet seit Jänner 2025 die österreichische Delegation, der seit den letzten Wahlen zum Nationalrat etliche neue Gesichter angehören. In Straßburg organisieren sich die Mitglieder ansonsten nicht gemäß ihrer Staatsangehörigkeit, sondern in fünf politischen Gruppen: Graf ist bereits seit 2020 Stellvertretender Vorsitzender der Gruppe „Europäische Konservative, Patrioten & Partner".

Die österreichischen Abgeordneten arbeiten in den derzeit neun **Ausschüssen** sowie den verschiedenen Unterschüssen der Versammlung, die die Entscheidungen des Plenums vorbereiten, teils sehr aktiv mit. (Zu den jeweiligen Mitgliedschaften und Aktivitäten vgl. Parliamentary Assembly, O. J.) Petra Bayr (SPÖ), wie Graf langjähriges Mitglied der Versammlung, ist seit 2023 bspw. Vorsitzende der „Women's Group" und war mehrfach Vorsitzende verschiedener Ausschüsse, zuletzt des wichtigen „Komitee zur Wahl der Richterinnen und Richter des EGMR" (2024–2026).

Österreich stellte in den sieben Jahrzehnten seiner Mitgliedschaft im Europarat zwei Mal den Präsidenten der Parlamentarischen Versammlung: 1975–1978 Karl Cernetz (SPÖ) und 2002–2005 Peter Schieder (SPÖ). Just zum 70. Jubiläum wurde am 26. Jänner 2026 die SPÖ-Politikerin **Petra Bayr,** Obfrau des Außenpolitischen Ausschusses im Nationalrat, mit großer Mehrheit zur (erst) fünften Präsidentin der Versammlung gewählt (vgl. Parliamentary Assembly, 2026).

2.4　Kongress der Gemeinden und Regionen des Europarats

Der Kongress ist Ausdruck der bereits früh im Europarat vorhandenen Überzeugung, dass im Sinne seiner Mission für Europas Grundwerte gerade die **bürgernahen politischen Ebenen** der Kommunen und Regionen einbezogen werden müssen. Entsprechend vertritt die Institution heute die Interessen der über 130.000 Gebietskörperschaften im Europarat und bringt mit seinen Empfehlungen deren Perspektive in die Arbeit von Ministerkomitee und Parlamentarischer Versammlung ein. Hauptziel ist dabei die Stärkung der lokalen und regionalen Demokratie in den Mitgliedsstaaten im Sinne der gerade auch darauf basierenden europäischen Wertegemeinschaft. (vgl. Europarat, 2024, 5) Obwohl der Kongress formal nicht auf die Satzung des Europarats zurückgeht, haben etliche Reformen seit seiner Einrichtung in heutiger Form 1994, ihn zur **„dritten Säule"** (Affholder, 2023, 202; Ludwig, 2024b, 442 ff.) des Europarats gemacht.

Er nimmt für die lokale und regionale Ebene vergleichbare Aufgaben wahr, wie es die Parlamentarische Versammlung für die Mitgliedsstaaten tut: Förderung, Fortentwicklung sowie Sicherung von Demokratie, Menschenrechten und Rechtsstaat durch inhaltliche Impulse, konkret aber im Falle des Kongresses vor allem Monitoring-Maßnahmen durch regelmäßige Berichte und Kontrollbesuche zur Umsetzung der **Europäischen Charta für Kommunale Selbstverwaltung** (SEV Nr. 122), der alle Staaten des Europarats beigetreten sind. Der letzte dieser Berichte für Österreich wurde im September 2020 angenommen, wobei etliche Verbesserungen der Lage der Kommunen und Länder festgestellt wurden. Mit Besorgnis monierte der Bericht aber den geringen Grad fiskaler Autonomie der substaatlichen Ebenen, sprich also der Möglichkeiten der Gemeinden und Länder eigene Steuern einzuheben, sowie die Kompetenzverteilung im österreichischen Mehrebenensystem zu Ungunsten der Kommunen. (vgl. CG/Rec[2020]446) Zusätzlich existieren auch hier spezialisierte Programme und insbesondere das Instrument der Beobachtung lokaler wie regionaler Wahlen. Die substaatlichen Akteure in Österreich machen davon allerdings in den letzten Jahren – anders als etwa in Deutschland (vgl. Ludwig & Wassenberg, 2025, 26) – keinen Gebrauch. Eine wertvolle Möglichkeit unabhängiger europäischer Expertise und des Peer-Review bleibt damit ungenutzt.

Auch organisatorisch ähnelt der Kongress der Parlamentarischen Versammlung: Ihm gehören ebenfalls 306 Mitglieder (und die entsprechende Zahl Stellvertreter) an. Sie müssen gewählte, amtierende kommunale bzw. regionale Mandatare sein. Diese teilen sich in zwei sog. Kammern auf: die Kammer der Gemeinden und die der Regionen. Sie setzen für ihre Wirkungsbereiche jeweils spezifische inhaltliche Schwerpunkte. Während die Plenarsitzungen zwei Mal jährlich in Straßburg stattfinden, erfolgt die Vorarbeit hier in drei Ausschüssen sowie den derzeit vier politischen Gruppen (vgl. Affholder, 2023, 187 ff.).

Entsprechend entsendet Österreich zwölf Mitglieder in den Kongress, die zu gleichen Teilen aus den Kommunen (Gemeinden und Städte) und den Bundesländern stammen. Bei ihrer Benennung ist, laut Satzung des Kongresses, auf föderale, geschlechtsbezogene wie auch parteipolitische Ausgewogenheit gemäß der politischen Gewichtsverteilung auf den substaatlichen Ebenen zu achten. Sie erfolgt in Österreich im Zusammenspiel von kommunalen Spitzenverbänden, den Landesregierungen und der Bundesregierung.

Die **österreichische Delegation** war laut Jahrbuch des Kongresses im Oktober 2025 (vgl. CG[2025]49–04) voll besetzt. Hinzu kommt derzeit ein Jugenddelegierter, der insbesondere die Interessen und Perspektiven junger Menschen in die Kongressarbeit einbringen soll. Leiter der österreichischen Delegation ist der Präsident des Vorarlberger Landtags, Harald Sonderegger (ÖVP). Seine Stellvertreterin, Gudrun Mosler-Törnström (SPÖ), ist aktuell Gemeinderätin in Puch bei Hallein.

Der Bedeutung des Europarats als Fürsprecher der Kommunen und Regionen (vgl. Ludwig, 2024b, c) entspricht das große **österreichische Engagement im Kongress,** dem die Vielzahl an Österreicherinnen und Österreichern in Führungspositionen Rechnung trägt: Bereits drei Mal stammte seit 1994 der Präsident bzw. die Präsidentin des Kongresses aus Österreich. Der Tiroler Herwig Van Staa hatte das Amt sowohl von 2002 bis 2004 sowie von 2012 bis 2014 inne. Gudrun Mosler-Törnstrom wurde 2016 zur ersten Frau an der Spitze der Institution gewählt. Sie ist aktuell „Ständige Berichterstatterin" für Menschenrechte des Kongresses. Van Staa und Harald Sonderegger waren auch Präsidenten der Kammer der Regionen; wiederum Van Staa (noch als Bürgermeister von Innsbruck) und Mosler-Törnström Präsidenten der Kammer der Gemeinden. Mit dem Salzburger Andreas Kiefer stammte der langjährige Generalsekretär des Kongresses (2010–2022) ebenfalls aus Österreich (vgl. Ständige Vertretung Europarat, O. J.a).

2.5   Sekretariat und Generalsekretärin bzw. Generalsekretär

Obwohl die Satzung des Europarats die Posten des Generalsekretärs sowie dessen Stellvertreters und die Rolle des Sekretariats unterstützend definiert (vgl. SEV Nr. 001, Art. 10), wird in neuen Veröffentlichungen, der **Generalsekretär** stets als erstes genannt. (vgl. Europarat, 2024, 2025b) Angesichts der erwähnten vielfältigen Herausforderungen für Europas Wertegemeinschaft legt dies die Absicht einer Stärkung der Position nach innen und außen nahe. Er oder sie wird für fünf Jahre von der Parlamentarischen Versammlung, auf Vorschlag des Ministerkomitees, „an die Spitze der Organisation" (Europarat, 2024, 4) gewählt. Im Juni 2024 fiel die Wahl des 15. Generalsekretärs auf den Schweizer Alain Berset.

Der Generalsekretär ist formal dem Ministerkomitee verantwortlich. (vgl. SEV Nr. 001, Art. 37) Er leitet das Sekretariat, also den Beamtenapparat des Europarats (Leitungsfunktion). In diesem Sinne ist der Generalsekretär für „die strategische Planung, das Arbeitsprogramm und den Haushalt des Europarates zuständig." (Europarat, 2024, 4) Ferner vertritt er ihn zum einen gegenüber den Mitgliedsstaaten und den anderen Akteuren des Mehrebenensystems nach innen (Vermittlungsfunktion). Zum anderen ist er das Gesicht des Europarats nach außen, gegenüber anderen Organisationen und vor allem den Europäerinnen und Europäern (Repräsentationsfunktion). (vgl. Brummer, 2008, 127 f.) Insofern ist der Generalsekretär die zentrale Identifikationsfigur der Organisation und ihrer Arbeit, kurz: der europäischen Wertegemeinschaft.

Von bisher 15 Generalsekretärinnen und -sekretären des Europarats stammten allein drei aus Österreich und damit so viele wie aus keinem anderen der 46 Mitgliedstaaten – mit Ausnahme Frankreichs, das ebenfalls drei Generalsekretärinnen und Generalsekretäre stellte.

1969–1974: Dr. Lujo Tončić-Sorinj (ÖVP), zuvor u. a. Außenminister
1979–1984: Dr. Franz Karasek (ÖVP), zuvor u. a. Abg. zum Nationalrat
1999–2004: Dr. Walter Schwimmer (ÖVP), zuvor u. a. Abg. zum Nationalrat

Auch die **Stellvertretung des Generalsekretärs** wird für fünf Jahre von der Parlamentarischen Versammlung gewählt (vgl. SEV Nr. 001, Art. 36) und entstammt zumeist der Beamtenschaft des Europarats. Er oder sie unterstützt den Generalsekretär in seinen Aufgaben, kann jedoch durchaus eigene Schwerpunkte setzen. (vgl. Brummer, 2008, 128 f.) Seit März 2021 hat diesen Posten der Norweger Bjørn

Berge inne. Mit Peter Leuprecht kam 1993 bis 1997 bislang einmal ein Stellvertretender Generalsekretär aus Österreich.

Das **Sekretariat** des Europarats beschäftigt etwa 2300 Personen aus den 46 Mitgliedsstaaten dauerhaft. (vgl. Europarat, 2024, 7) Es unterstützt die anderen Institutionen bei ihrer Arbeit für die Ziele der Organisation und koordiniert diese. Neben den Sekretariaten der einzelnen Institutionen umfasst es derzeit drei Generaldirektorate (DG I: Menschenrechte und Rechtsstaat; DG II: Demokratie und Menschenwürde; DGA: Verwaltung), sechs Direktorate sowie eine Protokoll- und Medienabteilung. (vgl. Europarat, 2025a) Der **internationale Beamtenapparat** ist zielführenderweise der Unabhängigkeit sowie ausschließlich den Interessen und Zielen des Europarats verpflichtet. (vgl. SEV Nr. 001, Art. 36 d–f) Österreich war und ist hier, so betonte Ulrich Hack, „mit hochqualifizierten Beamten zeitweise auch über der ihm zustehenden Personalquote vertreten, wobei die Präferenzierung der Österreicher vor allem im Menschenrechtsbereich [...] zu liegen scheint." (2008, 126 f.) Laut des Außen- und Europapolitischen Berichts der Bundesregierung an das Parlament vom 10. Dezember 2025 waren im Bezugsjahr 2024 „rund 15 Österreicherinnen und Österreicher als Bedienstete des Europarates tätig." (Parlament Österreich, 2025, 100)

2.6   Kommissarin bzw. Kommissar für Menschenrechte

Die 1999 vom Ministerkomitee neue geschaffene Institution im Mehrebenensystem des Europarats soll „die Achtung der Menschenrechte in den 46 Mitgliedsstaaten [...] fördern und in der Gesellschaft ein Bewusstsein dafür schaffen." (Europarat, 2024, 6) Er bildet mit dieser primär politisch-gesellschaftlichen Präventivarbeit für die Menschenrechte in Europa das Gegenstück im politischen System des Europarats zum EGMR, der die Nichteinhaltung, der in der EMRK verbrieften Rechte juristisch ahndet. Neben Stellungnahmen zu aktuellen Problemen sind regelmäßige **Länderberichte** zum Stand des Menschenrechtsschutzes in den Mitgliedsstaaten samt Empfehlungen zur Verbesserung der Lage (Menschenrechts-Monitoring) das wichtigste Instrument der Arbeit des Kommissars bzw. der Kommissarin. Der Letzte zu Österreich ist im Mai 2022 erschienen. Inhaltliche Schwerpunkte, der eher durchwachsenen Beurteilung, waren die Verbesserung der Aufnahme und Integration von Flüchtlingen, Asylsuchenden und Migranten sowie die eindringlich angemahnte Stärkung der Frauenrechte und der Gleichstellung (vgl. CommDH[2022]10).

Der **Kommissar** bzw. die Kommissarin wird auf Vorschlag des Ministerkomitees von der Parlamentarischen Versammlung für eine nicht verlängerbare

Amtszeit von sechs Jahren gewählt. Seit 2024 ist der Ire Michael O'Flaherty der fünfte Menschenrechtskommissar des Europarats. Eine Österreicherin oder ein Österreich hatten den Posten bislang nicht inne.

2.7   Konferenz der Internationalen Nichtregierungsorganisationen

Der Europarat hat im Rahmen der Ausweitung seines Mehrebenensystems bereits in den frühen 1950er Jahren begonnen, nicht-politische Akteure beratend einzubeziehen. Schrittweise ist auf dieser Grundlage die heutige Institution der Konferenz der Internationalen NGOs entstanden, die im globalen Vergleich als besonders institutionell innovativ und fortgeschritten gilt. Grundidee ist von Beginn an, die **Einbindung der europäischen Zivilgesellschaft.** Die Konferenz soll deren „Stimme" im Europarat sein und schafft ein partizipativ-demokratisches Element der Legitimation im Mehrebenensystem der Organisation. Mittlerweile haben über 300 Nichtregierungsorganisationen Teilnehmerstatus, über den der Generalsekretär befindet. (vgl. Europarat, O. J.a) Die zwei Mal im Jahr tagende Generalversammlung samt den sonstigen Gremien der Konferenz liefern mit ihren Empfehlungen an die anderen Institutionen, wichtige Expertise und vielfältigen Input für die Arbeit des Europarats für Demokratie, Menschenrechte und Rechtsstaatlichkeit. Der gebürtige Salzburger Gerhard Ermischer ist seit 2021 **Präsident** der Konferenz.

Laut Vorgabe sollen die teilnehmenden Organisationen grenzüberschreitend, möglichst europaweit tätig sein. Einige von ihnen haben ihren Hauptsitz dabei in Österreich, darunter zum Beispiel das *European Paralympic Committee*, das *International Press Institute* oder die *Communion of Protestant Churches in Europe.*

2.8   Österreichs finanzieller Beitrag zum Europarat

Der **Gesamthaushalt** des Europarats belief sich im Rahmen des mehrjährigen Haushaltsplans 2024–2027 für 2025 auf 655,7 Mio. €. Für das Jahr 2026 sind 737,5 Mio. € geplant. (vgl. CM[2026]1, 3) Im Vergleich dazu liegt der Haushaltsplan der EU für das Jahr 2026 bei über 190 Mrd. Euro (vgl. Rat der EU, 2026). Jeder Mitgliedsstaat ist satzungsgemäß (vgl. SEV Nr. 001, Art. 38) verpflichtet, einen Beitrag zur Kostendeckung der Organisation und ihrer Tätigkeiten zu leisten, sog. **Pflichtbeiträge.** Diese werden anhand eines verbindlichen Schlüssels berechnet, der vom Ministerkomitee festgelegt wird. Faktoren dabei sind vor allem

Wirtschaftskraft und Bevölkerungsgröße. Hauptbeitragszahler des Europarats sind daher Deutschland, Frankreich, Italien, das Vereinigte Königreich und die Türkei. Österreichs Zahlungen sind für 2026 mit insgesamt 7,92 Mio. € leicht niedriger als im Vorjahr angesetzt (vgl. CM[2026]1, 199).

Daneben können **freiwillige Beiträge** für spezielle Zwecke geleistet werden. Der Europarat ist für die Erfüllung seiner vielfältigen Aufgaben für Demokratie, Menschenrechte und den Rechtsstaat entscheidend auf derartige Spenden vor allem wirtschaftsstarker Mitgliedsstaaten, wie auch die Kofinanzierung vieler Projekte durch die EU angewiesen. 2024 (für 2025 liegen noch keine abschließenden Zahlen vor) leisteten laut Sekretariat immerhin 39 der 46 Mitgliedsstaaten derartige Beiträge. Österreich gehörte dabei zu den wichtigsten Geberländern und zeigte insofern auch finanziell seine Bereitschaft zur gezielten Förderung wichtiger Projekte des Europarats (vgl. Europarat, 2025b).

Österreichs Teilhabe am gemeinsamen Rechtsraum des Europarats

3

Die Entstehung des Mehrebenensystems des Europarats war über die Jahrzehnte eng mit der inhaltlichen Ausweitung dessen Arbeit verbunden, wobei der Schutz für Europas Grundwerte kontinuierlich erweitert sowie neue Herausforderungen und Themenfelder grenzüberschreitender Kooperation angegangen worden sind. Schlüssel dafür ist der Ausbau des gemeinsamen Rechtsraums, den der Europarat seit 1949 mit Hilfe völkerrechtlich bindender Verträge, die man als **Konventionen** oder auch Europaratsverträge (siehe Abschn. 3.1) bezeichnet, aufspannt. Dazu kommen bereits seit den 1950er Jahren sog. **Teilabkommen** (siehe Abschn. 3.2). (vgl. Olsen, 2023) Viele dieser Übereinkommen sehen spezielle Kontroll-, Monitoring- bzw. Evaluierungsinstrumente vor (siehe Abschn. 3.3), die für den Erhalt und die Förderung von Demokratie, Menschenrechten und Rechtsstaat in Europa einen entscheidenden Beitrag leisten.

Diese wichtige Arbeit erregt allerdings nur selten öffentliche Aufmerksamkeit in Österreich. Ihr fehlt paradoxerweise der „news value". (vgl. Hack, 2008, 138) Die „stille Macht des Europarats", wie es Alexander Schallenberg vor dem Ministerkomitee formulierte (vgl. 2024), wirkt für viele Menschen zwar in der Tat lebensverändernd, doch die meisten sind sich des europäischen Ursprungs des Wandels zum Besseren in Land und Gesellschaft nicht bewusst. Im Folgenden wird daher Österreichs Teilhabe am gemeinsamen Rechtsraum des Europarats überblicksartig vorgestellt.

3.1   Konventionen bzw. Europaratsverträge

Die **Sammlung europäischer Verträge (SEV)** listet derzeit 230 Abkommen, zusammen bilden sie das Konventionssystem der paneuropäischen Organisation. Der wichtigste dieser Europaratsverträge ist die am 4. November 1950 aufgelegte und 1953 in Kraft getretene **Europäische Menschenrechtskonvention** (EMRK). (SEV Nr. 005) Mit ihrem Organ des Europäischen Gerichtshofs für Menschenrechte (EGMR) sowie ihren mittlerweile 16 Zusatzprotokollen bildet sie das **Kernstück der europäischen Wertegemeinschaft** (siehe Abschn. 4.1).

Auf die Arbeit des Europarats geht darüber hinaus regelmäßig die inhaltliche Innovation europäischer Einigung im Lichte dieser Grundwerte zurück. (vgl. Wassenberg, 2018, 284–290) Er hat über die Jahre gemeinsame Rechtsstandards in vielen Lebensbereichen, bspw. Kultur, Bildung und Medien, dem Umwelt- und Tierschutz, dem Sport, der Medizin oder der Rechtspflege entwickelt. Jüngst wurden in diesem Zuge neue Europaratsverträge verhandelt und zur Unterzeichnung aufgelegt, die nach einigen Jahren der Stagnation einen frischen Elan europäischen Miteinanders im Europarat sowie unter seinen Mitgliedsstaaten belegen. Laut Vertragsbüro des Europarats hat Österreich allerdings bislang lediglich die vor letzte dieser Konventionen (SEV Nr. 229) unterzeichnet (vgl. Europarat, O. J.d):

- mit Blick auf die wachsenden Herausforderungen durch künstliche Intelligenz im September 2024 ein „Rahmenüberkommen über künstliche Intelligenz und Menschenrechte, Demokratie und Rechtsstaatlichkeit" (SEV Nr. 225)
- im Mai 2025 das „Übereinkommen zum Schutz des Anwaltsberufs" (SEV Nr. 226)
- im Dezember 2025 das „Übereinkommen des Europarats über den Schutz der Umwelt durch das Strafrecht" (SEV Nr. 228)
- sowie ebenfalls im Dezember 2025 das „Übereinkommen zur Errichtung einer internationalen Entschädigungskommission für die Ukraine" (SEV Nr. 229)

Im Laufe der Zeit ist auf diese Weise ein, wenn auch nicht vollendeter, aber mit jeder Unterschrift und Ratifikation wachsender, **paneuropäischer Rechtsraum** entstanden, der die im globalen Vergleich einzigartige Grundlage unseres europäischen Lebensstils darstellt. Seit den 1990er Jahren gelten entsprechend Vorgaben, welche Konventionen von *Neu*mitgliedern im Rahmen des Beitritts mindestens umzusetzen sind. (vgl. Schwimmer, 2008, 69) Da derzeit jedoch nur zwei Europaratsverträge von *allen* Mitgliedern verpflichtend ratifiziert sein müssen – die Satzung sowie die EMRK –, stellt sich die Frage nach dem Stand der Teilhabe der Republik am gemeinsamen Rechtsraum des Europarats.

Tab. 3.1 gibt einige Beispiele zentraler Konventionen und ihres Inkrafttretens in Österreich auf Grundlage der Daten des Vertragsbüros des Europarats (vgl. O. J.d):

Tab. 3.1 Österreich und die zentralen Konventionen des Europarats

Name der Konvention	SEV-Nr.	Auflegung	Unterzeichnung durch Österreich	Ratifikation	Inkrafttreten
Satzung des Europarats	001	5. Mai 1949		16. April 1956	16. April 1956
Europäische Menschenrechtskonvention (EMRK)	005	4. November 1950	13. Dezember 1957	3. September 1958	3. September 1958
Europäische Kulturkonvention	018	19. Dezember 1954	13. Dezember 1957	4. März 1958	4. März 1958
Europäische Sozialcharta	035	18. Oktober 1961	22. Juli 1963	29. Oktober 1969	28. November 1969
Europäische Sozialcharta (revidiert)	163	3. Mai 1996	7. Mai 1999	20. Mai 2011	1. Juli 2011
Übereinkommen über die Erhaltung wildlebender Tiere und Pflanzen (Bern-Konvention)	104	19. September 1979	19. September 1979	2. Mai 1983	1. September 1983
Europäische Charta der Kommunalen Selbstverwaltung	122	15. Oktober 1985	15. Oktober 1985	23. September 1987	1. September 1988
Übereinkommen zur Verhütung von Folter	126	26. November 1987	26. November 1987	6. Jänner 1989	1. Mai 1989
Rahmenübereinkommen zum Schutz nationaler Minderheiten	157	1. Februar 1995	1. Februar 1995	31. März 1998	1. Juli 1998
Übereinkommen zum Schutz von Kindern vor sexueller Ausbeutung und sexuellem Missbrauch (Lanzarote-Konvention)	201	25. Oktober 2007	25. Oktober 2007	25. Februar 2011	1. Juni 2011
Übereinkommen zur Verhütung und Bekämpfung von Gewalt gegen Frauen und häuslicher Gewalt (Istanbul-Konvention)	210	11. Mai 2011	11. Mai 2011	14. November 2013	1. August 2014

Österreich hat bis dato den Kernbestand der Europaratsverträge ratifiziert und ist insofern vergleichsweise fortgeschritten in den gemeinsamen Rechtsraum eingebunden. Dies gilt gerade auch, weil etliche der älteren Abkommen der über 200 Konventionen und Protokolle durch den zeitlichen Verlauf gegenstandslos geworden sind. Laut Statistik des Vertragsbüros sind derzeit 120 Abkommen für Österreich in Kraft, aus vier ist die Republik ausgetreten, 68 hat sie (bislang) nicht unterzeichnet (vgl. Europarat, O. J.d).

Auffällig ist aber zum einen, dass der Ratifikationsprozess der Abkommen teils sehr lange dauert, was für Herausforderungen bei der Herstellung des nötigen innerstaatlichen wie parlamentarischen Konsenses spricht. Die Europäische Sozialcharta, als die wichtigste Referenz für wirtschaftliche und soziale Rechte in Europa, ist dafür ein (unrühmliches) Beispiel – wie allerdings in anderen Mitgliedsstaaten auch (vgl. Ludwig & Wassenberg, 2025, 32). Zum anderen zeigt sich die Republik von Beginn an und verstärkt in den letzten drei Jahrzehnten selektiv, welche Konventionen bzw. ergänzenden Protokolle sie unterzeichnet, damit offiziell politisch mitträgt, und welche nicht. Etliche (31 laut Vertragsbüro) wurden in der Folge wiederum (bislang) nicht ratifiziert und sind entsprechend für Österreich (noch) nicht in Kraft getreten. Beispiele dafür sind etwa das Europäische Landschaftsübereinkommen (SEV Nr. 176, in immerhin 41 Staaten in Kraft), das 12. Protokoll zur EMRK (SEV Nr. 177, siehe Abschn. 4.1) oder im letzten Jahrzehnt das Übereinkommen gegen den Handel mit menschlichen Organen (SEV Nr. 216).

3.2   Teilabkommen

Der Europarat kennt ferner bereits früh in seiner Geschichte eine Form „differenzierter Kooperation" (Brummer, 2008, 66). Diese umfasst weitere Einrichtungen und Gremien, die auf der Rechtsbasis (erweiterter) **Teilabkommen** der Mitgliedsstaaten geschaffen worden sind. In der Regel sind hier jeweils nicht alle Europaratsstaaten Mitglied, im mittlerweile häufigen Fall „erweiterter Teilabkommen" können jedoch auch Nichtmitgliedsstaaten oder andere Organisationen (insbesondere die EU) teilnehmen. Der Europarat listet derzeit folgende Abkommen dieser Art (vgl. Europarat, O. J.e) Tab. 3.2 zeigt Österreichs jeweilige Mitgliedschaft:

Österreich ist an elf, der derzeit 15 Zusatzkooperationen des Europarats beteiligt. Im Vergleich: Frankreich gehört 14, Italien elf, Deutschland zehn, das Vereinigte Königreich lediglich fünf dieser sonstigen Gremien an. Die Republik zeigte sich hierbei in einigen Fällen als besonders engagiert und gehörte etwa zu den ursprünglichen Unterzeichnern der Venedig-Kommission (vgl. Markert, 2022), wo sie mit Christoph Grabenwarter (Präsident des Verfassungsgerichtshofs) auch

Tab. 3.2 Österreich und die Teilabkommen des Europarats

Name der Institution/Gruppe	Gründungsjahr/ Sitz	Mitgliedsstaaten (Anzahl)	Österreichs Mitgliedschaft
Entwicklungsbank des Europarats	1956/Paris	43	kein Mitglied
EDQM/Europäisches Arzneibuch	1964	40	seit Juli 1978
Internationale Kooperationsgruppe des Europarats für Drogen und Sucht (Pompidou-Gruppe)	1980	41	seit Jänner 1988
Gruppe zur Zusammenarbeit in Sachen Vorbeugung, Schutz- und organisierter Hilfestellung bei Technologie- und Naturkatastrophen (EUR-OPA)	1987	22	**kein Mitglied**
Europäischer Filmförderungsfonds (Eurimages)	1988	40	seit Februar 1991
Europäisches Zentrum für globale Interdependenz und Solidarität (Nord-Süd-Zentrum)	1989/Lissabon	21	kein Mitglied
Europäische Kommission für Demokratie durch Recht (Venedig-Kommission)	1990/Venedig	61	seit Mai 1990
Teilabkommen über Mobilität von Jugendlichen durch die Youth Card	1991	24	seit April 2002
Europäische Audiovisuelle Informationsstelle	1992	42	seit Dezember 1992
Europäisches Fremdsprachenzentrum	1994/Graz	37	seit April 1994
Staatengruppe gegen Korruption (GRECO)	1999	48	seit Dezember 2006
Erweitertes Teilabkommen über Sport (EPAS)	2007	42	seit April 2017
Erweitertes Teilabkommen über Kulturrouten	2011/ Luxemburg	43	seit Januar 2011
Erweitertes Teilabkommen über die Beobachtungsstelle für den Geschichtsunterricht in Europa	2020	19	**kein Mitglied**
Erweitertes Teilabkommen über das Register der durch die russische Aggression gegen die Ukraine verursachten Schäden	2023	41	seit Mai 2023

personell höchstrangig vertreten ist, sowie des Europäischen Fremdsprachenzentrums, das seinen Sitz in Graz hat. Erwähnenswert ist abschließend das bisherige Fehlen in der Entwicklungsbank des Europarats, der 41 der 46 Mitgliedsstaaten angehören, wobei Österreich als einziges EU-Mitglied außen vor ist. „Obwohl über die wahren Gründe für das Abseitsstehen […] nur gerätselt werden kann, muss es sich dabei aber eher um wirtschaftliche, denn politische Gründe handeln." (Hummer, 2015, 1)

3.3   Monitoring und Evaluierungsinstrumente

Etliche der Konventionen und Teilabkommen sehen spezielle **Kontrollmechanismen** zur Evaluierung und Überprüfung ihrer Einhaltung durch die Mitgliedsstaaten vor. Diese kontinuierlichen Monitoring-Prozesse im Rahmen des gemeinsamen Rechtsraums des Europarats stellen einen zentralen Teil der Arbeit seines Mehrebenensystems dar. (vgl. Drzemczewski, 2017, 618 ff.) Auch wenn dem Europarat nur begrenzt Sanktionsmöglichkeiten bei Nichteinhaltung vertraglicher Zusagen zur Verfügung stehen, so tragen derartige Review-Prozesse nicht nur zur **Sicherung der Standards europäischen Miteinanders** bei, sondern schaffen in der Regel ein gewisses Maß an *peer pressure,* also Gruppendruck unter den Staaten zur Einhaltung derselben.

Neben den vielfältigen Aktivitäten durch die Institutionen des Europarats für den Schutz demokratischer Standards und gutes Regieren, Menschenrechte und Rechtsstaatlichkeit sind in diesem Kontext die regelmäßigen Berichte von **neun Expertengremien** (vgl. Europarat, 2024, 12–15) von Bedeutung – auch für Österreich, das an allen Mechanismen teilnimmt. Die jeweils aktuellen Berichte für die Republik finden sich über das Länderprofil auf der Webseite des Europarats (vgl. O. J.f).

Österreich und die Europäische Menschenrechtskonvention 4

Der wichtigste Kontrollmechanismus des Europarats steht in Verbindung mit dessen wichtigster Konvention, der **Europäischen Menschenrechtskonvention (EMRK)**. (SEV Nr. 005) Sie wurde am 4. November 1950 in Rom zur Unterzeichnung aufgelegt, trat am 3. September 1953 in Kraft und gilt in allen 46 Mitgliedsstaaten. Sie ist damit das zentrale europäische Referenzdokument zum Schutz der Menschen- und Grundrechte für heute über 700 Millionen. Europäerinnen und Europäer. Während die EMRK grundlegende politische und bürgerliche Rechte umfasst, fokussiert sich ihr Gegenstück, die Europäische Sozialcharta (SEV Nr. 35 und 163), auf wirtschaftliche und soziale Rechte. Die EMRK garantiert unter anderem das Recht auf Leben, das Verbot von Folter, Sklaverei und Zwangsarbeit in Europa, das Recht auf ein faires Verfahren, die Gedanken-, Gewissens- und Religionsfreiheit, die freie Meinungsäußerung oder das Verbot von Diskriminierung (vgl. Grabenwarter & Pabel, 2021, Kap. 2).

Die bislang 16 Zusatzprotokolle zur EMRK haben zum einen ihren Rechtskatalog mehrfach ausgeweitet und etwa die Todesstrafe in Europa unter allen Umständen verboten (SEV Nr. 114 und 187). Zum anderen haben sie den vorgesehenen Kontrollmechanismus, konkret die Institution des **Europäischen Gerichtshofs für Menschenrechte** (EGMR) sowie dessen Arbeit, kontinuierlich weiterentwickelt (siehe Abschn. 4.2). Die EMRK ist insofern ein „lebendes Instrument" (Bayr, 2026) zum Schutz der Menschen in Europa. Der Europarat bietet damit allen, die bei Grundrechtsverletzungen auf taube Ohren stoßen, eine Stimme – laut, klar und rechtlich verbindlich. Diese Möglichkeit ist weltweit einzigartig und ein Bollwerk gegen Willkür (vgl. Ludwig & Wassenberg, 2025, 42).

© Der/die Autor(en), exklusiv lizenziert an Springer Fachmedien Wiesbaden GmbH, ein Teil von Springer Nature 2026
A. N. Ludwig, *Österreich im Europarat*, essentials,
https://doi.org/10.1007/978-3-658-51505-8_4

4.1   Grundrechteschutz in Österreich und die EMRK

Österreich unterzeichnete die EMRK am 13. Dezember 1957, sie trat hier am 3. September 1958 in Kraft. (vgl. BGBl. 210/1958) Es „gehört damit zu jenen Staaten Europas, die zwar nicht von Anfang an, aber doch recht früh Mitglied der EMRK geworden sind." (Pabel, 2023, 829) Sie stellt nicht nur das „das **Rückgrat unseres Wertesystems**" in Europa dar, sondern insbesondere in Österreich, wo sie „zu Recht im Verfassungsrang [steht] und für uns eine demokratische Verpflichtung [ist]" (Van der Bellen, 2023).

Österreich war 1964 der erste Staat (und bislang in dieser Form einzige), der die EMRK ausdrücklich als Verfassungsgesetz in seine Rechtsordnung integriert hat. (vgl. BGBl. 59/1964) Vor diesem historischen und rechtlichen Hintergrund spielt sie bis heute eine besondere Rolle **für die Republik** – einerseits für den innerstaatlichen Grundrechteschutz und andererseits europapolitisch. Da die österreichische Bundesverfassung, anders als die meisten anderen in Europa, keinen einheitlichen Grundrechtekatalog vorsieht, erfüllt „die EMRK eine gewisse Ersatzfunktion" (Pabel, 2023, 833) in diesem Rechtsbereich. Sie leistet eine wichtige verfassungsrechtliche Ergänzung der Grundrechte (vgl. Merli, 2022, 18–23), von der alle Menschen in Österreich profitieren. Daneben bedeutete und bedeutet der hervorgehobene Status der EMRK eine erhebliche Europäisierung der Republik. Zunächst ging es dabei um Österreichs Glaubwürdigkeit als neues Glied der europäischen Wertegemeinschaft. (vgl. Thurnherr, 2008, 312) Dies ist ein europapolitischer Aspekt, der angesichts zeitgenössischer österreichischer Debatten um die EMRK und den EGMR leider wieder aktuell ist. Franz Merli betont angesichts dessen zu Recht: „Vor allem aber bietet die EMRK einen nicht einseitig änderbaren Maßstab der Verfassungsgerichtsbarkeit, Bestandschutz gegen Änderungen und eine externe Kontrolle." (2022, 27) Letztlich schütze sie uns eben auch vor uns selbst. (vgl. ebd., 30) Zugleich erfolgt die Rechtsentwicklung im Land seitdem im Kontext überstaatlicher Grundrechtsstandards, die Teil der Rechtspraxis geworden sind – lange vor dem Beitritt zur EU und ihrem europäischen Rechtsraum.

Von den bislang 16 **Zusatzprotokollen** zur EMRK hat die Republik bis auf zwei alle ratifiziert. Abgesehen von der Verfahrensfrage des Protokolls Nr. 16 (SEV Nr. 214), das immerhin bereits in 26 Staaten in Kraft ist, sticht einzig die noch nicht erfolgte österreichische Ratifikation des Protokolls Nr. 12 (SEV Nr. 177) ins Auge. Dieses brächte eine weitere materielle Erweiterung des Grundrechteschutzes. Katharina Pabel merkt dazu an, dass „die Mehrheit der Staaten des Europarats" (2023, 830), unter ihnen bspw. Deutschland, dieses erweiterte Diskriminierungsverbot noch nicht ratifiziert hat. Derzeit ist es aber schon in zwanzig Staaten in Kraft, 18 weitere haben es zumindest unterzeichnet, Österreich eingeschlossen. (vgl. Europarat, O. J.d). Im Nationalrat gab es mehrere Anläufe, die Ratifikation voranzutreiben – bislang jedoch ohne Ergebnis.

Neben den in der Bundesverfassung vorhandenen Komponenten und der EMRK ist heute die Grundrechtecharta der EU, die wiederum vielfach auf die EMRK referenziert, die dritte Säule des Grundrechteschutzes in Österreich. Als Mitglied sowohl des Europarats als auch der EU ist es für Österreich generell wichtig, dass Komplementarität und Kooperation deren Beziehungen bestimmen, anstelle von Konkurrenz und Doppelarbeit. (vgl. Brummer & Wassenberg, 2024, 386 f.) Im Zentrum steht dabei seit Längerem der **Beitritt der EU zur EMRK.** Dieser war bereits im Lissaboner Vertrag der EU von 2009 vorgesehen, wurde jedoch 2014 vom Gerichtshof der EU zunächst abgelehnt. Mittlerweile wird er neu verhandelt. (vgl. Wassenberg, 2024, 158) Österreich setzt sich aktiv für den raschen Beitritt der EU zur EMRK sowie zu anderen Konventionen des Europarats ein. Trotz mancher offener Fragen würde dadurch Europas Einigung und die europäische Wertegemeinschaft, zu der sich auch die EU verpflichtet hat (vgl. Ludwig & Schomaker, I. E.), gestärkt. Zudem würden bestehende Lücken im europäischen Grundrechteschutz geschlossen, da die EU-Organe bislang keiner externen Kontrolle unterliegen, und eine einheitliche und kohärente Grundrechtsauslegung europaweit ermöglicht.

4.2 Österreich und der Europäische Gerichtshof für Menschenrechte

Der 1959 gegründete **EGMR** mit Sitz in Straßburg wird heute zu Recht als wichtige Säule des Europarats gesehen, obwohl er formal kein Organ desselben, sondern der EMRK ist. Er stellt den institutionellen Ausdruck eines im globalen Vergleich einzigartigen Schutzsystems dar und ist damit entscheidend für die Arbeit des Europarats als Hüter der Menschenrechte auf unserem Kontinent: Nach Durchlaufen aller Gerichtsinstanzen des jeweiligen Mitgliedsstaats kann jede und jeder im Fall von Verstößen gegen ihre und oder seine individuellen Rechte beim EGMR eine **Individualbeschwerde** einbringen. Dies stellt eine wichtige zusätzliche Absicherung der Grundrechte auf europäischer Ebene dar, von der allerdings immer noch zu wenige Menschen wissen. (vgl. Bayr, 2026) Anders als andere Staaten erkannte Österreich diese Möglichkeit samt den entsprechenden Kontrollorganen bereits mit seinem Beitritt zur EMRK im Jahr 1958 an. (vgl. Pabel, 2023, 829) Daneben besteht die Möglichkeit, dass Staaten andere Staaten wegen Verstößen gegen die EMRK anklagen (Staatenbeschwerde) (vgl. Brummer, 2008, 149 ff.).

Die **Urteile des Gerichtshofs** sind völkerrechtlich bindend und müssen von den betroffenen Staaten umgesetzt werden. Das Ministerkomitee wacht darüber. (vgl. Abschn. 2.2) Konkret kann es sich um Sofortmaßnahmen, wie etwa eine Freilassung aus Haft oder Entschädigungszahlungen handeln. Außerdem wird eine Rechtsanpassung im verurteilten Mitgliedsstaat bzw. die notwendigen politischen Folgemaßnahmen zur Umsetzung der Entscheidung des EGMR erwartet. (vgl. Grabenwarter & Pabel, 2021, Kap. 3) Mit jedem ihrer Urteile entwickeln die Richterinnen und Richter zugleich die Auslegung der Menschen- und Grundrechte weiter. Dies geschieht nicht immer zur Begeisterung aller Regierungen bzw. politischer Kräfte in den Mitgliedsstaaten, ist aber entscheidend für den zeitgemäßen Schutz der Menschen in Europa und somit für die Relevanz der europäischen Wertegemeinschaft. Wichtig dabei ist, dass etwaige Diskussionen über die EMRK gemeinsam im Rahmen der Gremien des Europarats und nicht im Alleingang einiger weniger geschehen, wie es jüngst im Rahmen der Debatte um Asyl und Migration, an der auch Österreich beteiligt war, der Fall war (vgl. Standard, 2025).

Im Vergleich zu anderen Mitgliedsstaaten (derzeit am häufigsten die Türkei, Russland, die Ukraine, Polen und Italien) ist Österreich zwar selten Verfahrenspartei vor dem EGMR, jedoch jüngst wieder öfter als zuvor. (vgl. ECtHR, 2026, 33 ff.) Das erste Urteil gegen die Republik erfolgte 1968. In den folgenden Jahrzehnten stieg die Zahl der Fälle kontinuierlich. (vgl. Thurnherr, 2008, 337 ff.) Laut Bericht der Bundesregierung an das Parlament hat „der EGMR bisher in 441 Fällen eine Menschenrechtsverletzung durch Österreich festgestellt; davon wurden 432 Entscheidungen vollständig umgesetzt – eine Umsetzungsrate von 98 %, womit Österreich zu den führenden Staaten im Europarat zählt." (Parlament Österreich, 2025, 110)

Von den 28.800 im Jahr 2024 eingegangenen Beschwerden richteten sich laut Statistik des Gerichtshofs 203 **Individualbeschwerden gegen Österreich** (gegen Deutschland waren es im Vergleich dazu 440), wovon 199 als nicht zulässig abgewiesen wurden. In vier Urteilen wurde die Republik zwei Mal eines Verstoßes gegen die EMRK für schuldig befunden (Deutschland im Vergleich genauso oft). (vgl. ECtHR, 2025, 1) Zum Jahresende 2025 waren noch 98 Fälle gegen Österreich anhängig, bei 53.450 insgesamt (vgl. ECtHR, 2026, 32 f.).

Staatenbeschwerden sind hingegen ein seltenes Mittel im Rahmen bilateraler Auseinandersetzungen in Europa, nehmen aber in den letzten Jahren (wieder) zu. (vgl. Wassenberg, 2024, 204ff.) Österreich reichte bislang einmal eine solche ein: 1960 gegen Italien im Kontext der langjährigen Konflikte beider Staaten über die Südtirol-Frage. Dabei wurde allerdings kein Verstoß von italienischer Seite gegen die EMRK festgestellt (vgl. CM/Res[1963]DH3).

Wie bei jedem Mitgliedsstaat der EMRK stammt seit 1959 je eine **Richterin bzw. ein Richter am EGMR** aus Österreich. Sie werden heute für eine neunjährige, nicht erneuerbare Amtszeit von der Parlamentarischen Versammlung des Europarats (vgl. Abschn. 2.3) gewählt. In chronologischer Reihenfolge waren dies: Alfred Verdross (1959–1977), Franz Matscher (1977–1998), Willi Fuhrmann (1998–2001), Elisabeth Steiner (2001–2015), Gabriele Kucsko-Stadlmayer (2015–2024) und András Jakab (seit 2024). Eine Österreicherin oder ein Österreicher waren bislang noch nicht Präsident des Gerichtshofs. Gabriele Kucsko-Stadlmayer war von 2022 bis 2024 Sektionspräsidentin und „wurde 2024 [bis zu ihrem Ausscheiden] als erste Österreicherin zur Vizepräsidentin des EGMR ernannt." (Parlament Österreich, 2025, 99)

Fazit: Österreichs Zukunft braucht den Europarat ...   5

Der Europarat hat seit den späten 1940er Jahren maßgeblich dazu beigetragen, Österreich nach dem Zweiten Weltkrieg wieder in die „europäische Familie" und ihre neue Wertegemeinschaft einzugliedern. Bis heute ist er ein zentraler Garant für Demokratie, Menschenrechte und Rechtsstaatlichkeit im Land. Durch die Mitwirkung an den Integrationsprozessen der Straßburger Organisation und die Teilhabe an deren wachsendem Einigungswerk eines europäischen Rechtsraums konnte der Kleinstaat seit 1956 vielfältig einen aktiven „Beitrag für die gemeinsame Sache" Europa (Churchill, 1946, 4) leisten – und tut es noch. Kaum ein anderer Mitgliedsstaat hat dabei in Führungspositionen des Europarats so oft und viel Verantwortung übernommen wie Österreich. Die Republik ist zugleich weitreichend in das Konventionssystem des Europarats integriert und hat dessen Weiterentwicklung regelmäßig mit vorangetrieben.

Das **70. Jubiläum des Beitritts Österreichs zum Europarat** ist daher ein willkommener Anlass, den großen Beitrag des Lands zu diesem Europa des Rechts zu feiern und an das erhebliche Engagement vieler Österreicherinnen und Österreicher dafür zu erinnern. Gleichzeitig sollte es ein Anlass sein, sich in Politik, Wirtschaft und Gesellschaft wieder stärker bewusst zu machen, dass mit der Aufnahme im April 1956 der Schwur auf die europäische Wertegemeinschaft verbunden war und ist. Gerade in Zeiten geopolitischer Spannungen, des Kriegs in Osteuropa und gesellschaftlicher Polarisierung wird deutlich: Demokratie, Menschenrechte und Rechtsstaat sind auch in Europa keine Selbstverständlichkeit. Sie müssen täglich neu verteidigt werden. (vgl. Europarat, 2023, 3) Deshalb brauchen wir den Europarat dringender denn je (vgl. Ludwig & Wassenberg, 2025, 41 f.).

Alexander Van der Bellen forderte daher in seiner Neujahrsansprache für die Zukunft Österreichs mit Recht:

A. N. Ludwig, *Österreich im Europarat*, essentials, https://doi.org/10.1007/978-3-658-51505-8_5

Lassen wir uns dieses Europa nicht schlechtreden. Es ist wichtig, dass wir weiter an die europäische Idee glauben. Es ist wichtig, dass wir zusammenhalten und für unser Europa einstehen. Ja, es ist wichtig, dass wir einen Europa-Patriotismus entwickeln. (2026)

Auch wenn der Bundespräsident hier vor allem das „kleinere Europa" der EU im Blick gehabt haben mag, kann ein solcher Patriotismus jedoch nur auf der gemeinsamen Wertegemeinschaft beruhen, die das Projekt Europa insgesamt seit fast acht Jahrzehnten trägt und zu deren Sicherung der Europarat gegründet wurde. Ihr Kern, die Europäische Menschenrechtskonvention (EMRK), ist das zentrale Dokument für den Schutz der Grundrechte in Europa und wird daher gern auch als „europäische Verfassung" bezeichnet. Wie kein anderer europäischer Vertrag steht sie für den „europäischen Weg" (Van der Bellen, 2026). Nicht umsonst genießt sie seit 1964 in der Tat zu Recht Verfassungsrang in Österreich. Europa-Patriotismus ist in Österreich somit **Verfassungspatriotismus.** Das kann und sollte für ganz Europa Vorbild sein. Der Europarat bietet seit 1949 den nötigen institutionellen Rahmen. „[D]iese Konstanz, diese grundlegende, wertefundierte Basis, braucht Europa heute mehr denn je." (Van der Bellen, 2018) Die Arbeit des Europarats ist insofern entscheidend für die Zukunft Europas und damit auch für die Zukunft Österreichs. Dies gilt im Übrigen auch für die EU, die nur auf der Grundlage der gemeinsamen europäischen Wertegemeinschaft gelingen wird (vgl. Ludwig & Schomaker, I. E.).

Als zweite große Integrationsorganisation neben der EU müssen wir dem Europarat in unserem ureigenen Interesse und dem unseres Europas entsprechend mehr Aufmerksamkeit schenken – in allen Lebensbereichen. Denn die paneuropäische Organisation kann nur so stark sein, wie wir sie gemeinschaftlich stark machen. **Der Erfolg des Europarats betrifft uns alle unmittelbar!** Es ist nun an der Zeit, ins Tun zu kommen. Machen wir den Europarat genauso zum Teil des österreichischen Alltags, wie es die EU bereits ist. Damit sich das Versprechen der Einigung Europas auch für die nächsten Generationen erfüllt: ein friedliches, freies, demokratisches und gerechtes Miteinander in Österreich und in ganz Europa!

Was Sie aus diesem *essential* mitnehmen können

- eine Zusammenfassung, der Bedeutung des Europarats und der europäischen Wertegemeinschaft für Österreich
- einen Überblick, wie Österreich heute an den Institutionen und Gremien des Mehrebenensystems Europarat mitwirkt
- wie es aktuell in den gemeinsamen Rechtsraum der paneuropäischen Organisation, insbesondere das System des Grund- und Menschenrechtsschutzes der Europäischen Menschenrechtskonvention eingebunden ist
- Gedanken, warumder Europarat für Österreichs Zukunft entscheidend ist …

A. N. Ludwig, *Österreich im Europarat*, essentials, https://doi.org/10.1007/978-3-658-51505-8

Literatur

Alle Internetquellen mit Stand 15. Februar 2026. Die *Sammlung der Europäischen Verträge (SEV)* ist durch das Vertragsbüro des Europarats online verfügbar: https://www.coe.int/de/web/conventions/full-list.

Affholder, S. (2023). The Congress of Local and Regional Authorities: European Co-Operation Close to the Citizen. In T. E. J. Kleinsorge (Hrsg.), *Council of Europe (CoE)* (4. Aufl., 187–203). Alphen aan den Rijn: Wolters Kluwer.

Bayr, P. (2026). *Inaugural Speech by Petra Bayr, President of the Parliamentary Assembly of the Council of Europe*, 26. Jänner 2026. https://pace.coe.int/en/verbatim/2026-01-26/am/en#speech-35792.

BGBl. (152/1955). *Bundesgesetzblatt für die Republik Österreich vom 30. Juli 1955.* https://www.ris.bka.gv.at/Dokumente/BgblPdf/1955_152_0/1955_152_0.pdf.

BGBl. (211/1955). *Bundesgesetzblatt für die Republik Österreich vom 4. November 1955.* https://www.ris.bka.gv.at/Dokumente/BgblPdf/1955_211_0/1955_211_0.pdf.

BGBl. (120/1956). *Bundesgesetzblatt für die Republik Österreich vom 29. Juni 1956.* https://www.ris.bka.gv.at/Dokumente/BgblPdf/1956_120_0/1956_120_0.pdf.

BGBl. (121/1956). *Bundesgesetzblatt für die Republik Österreich vom 29. Juni 1956.* https://www.ris.bka.gv.at/Dokumente/BgblPdf/1956_121_0/1956_121_0.pdf.

BGBl. (210/1958). *Bundesgesetzblatt für die Republik Österreich vom 24. September 1958.* https://ris.bka.gv.at/Dokumente/BgblPdf/1958_210_0/1958_210_0.pdf.

BGBl. (59/1964). *Bundesgesetzblatt für die Republik Österreich vom 6. April 1964.* https://www.ris.bka.gv.at/Dokumente/BgblPdf/1964_59_0/1964_59_0.pdf.

BMEIA. (O. J.). *Der Europarat.* https://www.bmeia.gv.at/themen/aussenpolitik/europa/europarat#:~:text=Von%202002%20bis%202004%20waren,Erziehung%20zur%20demokratischen%20Teilhabe%20einzugehen.

Brummer, K. (2008). *Der Europarat: Eine Einführung.* Wiesbaden: VS Verlag.

Brummer, K. (2022). Der Europarat, Russland und das Scheitern der Einbindungspolitik. *Gesellschaft. Wirtschaft. Politik, 71*(4), 452–463.

Brummer, K., & Wassenberg, B. (2024). Europarat und Europäische Union als ‚strategische Partner'? *Zeitschrift für Politik, 71*(4), 386–409.

Burtscher, W. (1988). Österreichs Annäherung an den Europarat von 1949 bis zur Vollmitgliedschaft im Jahre 1956. In W. Hummer & G. Wagner (Hrsg.), *Österreich im Europarat 1956–1986: Bilanz einer 30jährigen Mitgliedschaft* (37–52). Wien: Verlag der Österreichischen Akademie der Wissenschaften.

Cede, F., & Janik, R. (2025). *Auslaufmodell Neutralität? Geschichte und Gegenwart eines österreichischen Mythos.* Innsbruck: Michael Wagner Verlag.

Cede, F., & Prosl, C. (2018). *Anspruch und Wirklichkeit: Österreichs Außenpolitik seit 1945.* Innsbruck: Studienverlag.

Churchill, W. (1946). Rede an die akademische Jugend an der Universität Zürich, 19. September 1946. https://www.europa-union.de/fileadmin/files_eud/PDF-Dateien_EUD/Allg._Dokumente/Churchill_Rede_19.09.1946_D.pdf.

Clemens, G., et al. (2008). *Geschichte der europäischen Integration.* Paderborn: UTB Schöningh.

CG/Rec[2020]446. *Monitoring of the European Charter of Local Self-Government in Austria,* 28. September 2020. https://rm.coe.int/monitoring-of-the-european-charter-of-local-self-government-in-austria/16809fc1ec.

CG[2025]49-04. *Congress Yearbook,* 22. Oktober 2025. https://search.coe.int/congress?i=0912594880029011f.

CM/Inf[2013]32. *Priorities of the Austrian Chairmanship of the Committee of Ministers of the Council of Europe,* 5. November 2013. https://search.coe.int/cm?i=09000016805c71e3.

CM/Res[1949]22. *Admission of Austria,* 4. November 1949. https://search.coe.int/cm?i=0912594880212f7b.

CM/Res[1956]4. *Admission of Austria to the Council of Europe,* 8. März 1956. https://search.coe.int/cm?i=09125948801f6caf.

CM/Res[1963]DH3. *Application No. 778/60: Austria vs. Italy,* 23. Oktober 1963. https://hudoc.echr.coe.int/eng?i=001-142097.

CM[2026]1. *Council of Europe Programme and Budget 2024–2027 (2026–2027),* 15. Dezember 2025. https://search.coe.int/cm?i=091259488029d0ac.

CommDH[2022]10. *Report by the Commissioner for Human Rights of the Council of Europe following her visit to Austria from 13 to 17 December 2021,* 12. Mai 2022. https://rm.coe.int/commdh-2022-10-report-on-the-visit-to-austria-en/1680a6679a.

Dodis. (O. J.) *Die Schweiz und der Europarat.* https://www.dodis.ch/de/die-schweiz-und-der-europarat.

Drzemczewski, A. (2017). Core Monitoring Mechanisms and Related Activities. In S. Schmahl & M. Breuer (Hrsg.), *The Council of Europe: Its Laws and Policies* (617–635). Oxford: Oxford University Press.

ECtHR. (2025). *Press country profile: Austria,* Oktober 2025. https://www.echr.coe.int/documents/d/echr/CP_Austria_ENG.

ECtHR. (2026). *European Court of Human Rights: Annual Report 2026.* Strasbourg: Council of Europe. https://www.echr.coe.int/documents/d/echr/annual-report-2025-eng.

Europarat. (2023). *Reykjavík Declaration: United around our values – 4th Summit of Heads of State and Government of the Council of Europe,* 17. Mai 2023. https://rm.coe.int/0900001680ab40c1.

Europarat. (2024). *Der Europarat im Überblick.* Strasbourg: Council of Europe. https://edoc.coe.int/en/an-overview/7070-the-council-of-europe-an-overview.html.

Europarat. (2025a). *Organisation chart of the secretariat general of the Council of Europe,* 3. November 2025. https://rm.coe.int/organisationchart-coe-en/1680979c2d.

Europarat. (2025b). *Resource mobilisation at a glance,* 20. November 2025. https://www.coe.int/en/web/programmes/resource-mobilisation-at-a-glance#portlet_com_liferay_journal_content_web_portlet_JournalContentPortlet_INSTANCE_M8spt19acYt4.

Europarat. (2025c). *The Council of Europe: Guardian of Human Rights.* Strasbourg: Council of Europe. https://edoc.coe.int/en/an-overview/6206-the-council-of-europe-guardian-of-human-rights.html.

Europarat. (O. J.-a). *Conference of INGOs: INGOs Database.* https://coe-ngo.org/#/ingos.

Europarat. (O. J.-b). *Committee of Ministers: The Committee of Ministers at ministerial level.* https://www.coe.int/en/web/cm/ministerial-level.

Europarat. (O. J.-c). *Summits of Heads of State and Government of the Council of Europe.* https://www.coe.int/en/web/cm/summits.

Europarat. (O. J.-d). *Vertragsbüro.* https://www.coe.int/de/web/conventions/.

Europarat. (O. J.-e). *Vertragsbüro: Aufzeichnung der Teilabkommen.* https://www.coe.int/de/web/conventions/full-list1.

Europarat. (O. J.-f). *Österreich: 46 Staaten, ein Europa.* https://www.coe.int/de/web/portal/austria.

Figl, L. (1956). *Declaration on the admission of Austria to the Council of Europe,* 16. April 1956. http://www.cvce.eu/obj/declaration_by_leopold_figl_on_the_admission_of_austria_to_the_council_of_europe_strasbourg_16_april_1956-en-e372dd43-0011-4ac3-a97b-f848b9910f34.html.

Gawrich, A. (2014). *Demokratieförderung von Europarat und OSZE: Ein Beitrag zur europäischen Integration.* Wiesbaden: SpringerVS.

Gawrich, A., & Schöppner, F. (2024). Europarats-Praktiken gegenüber nicht-demokratischen Regimen – das Ende der »Schule der Demokratie«? *Zeitschrift für Politik, 71*(4), 410–432.

Gärtner, H. (2023). Engagierte Neutralität. *Wissenschaft & Frieden, 41*(1), 6–9. https://wissenschaft-und-frieden.de/artikel/engagierte-neutralitaet/.

Gebhard, C. (2013). Is small still beautiful? The case of Austria. *Swiss Political Science Review, 19*(3), 279–297.

Gehler, M. (2006). *Vom Marshall-Plan bis zur EU: Österreich und die europäische Integration von 1945 bis zur Gegenwart.* Innsbruck: Studienverlag.

Gehler, M. (2018). *Europa: Ideen, Institutionen, Vereinigung, Zusammenhalt* (3. Aufl.). Reinbek: Lau Verlag.

Gehler, M. (2020). *From Saint-Germain to Lisbon: Austria's Long Road from Desintegrated to United Europe 1919–2009.* Wien: Verlag der Österreichischen Akademie der Wissenschaften.

Gehler, M., & Kaiser, W. (1997). A study in ambivalence: Austria and European integration 1945–95. *Contemporary European History, 6*(1), 75–99.

Grabenwarter, C., & Pabel, K. (2021). *Europäische Menschenrechtskonvention: Ein Studienbuch* (7. Aufl.). München: C. H. Beck.

Hack, U. (2008). Stellung und Funktion des Europarates in der österreichischen Außenpolitik. In W. Hummer (Hrsg.), *Österreich im Europarat 1956–2006: Bilanz einer 50-jährigen Mitgliedschaft* (121–157). Wien: Böhlau.

Hummer, W. (2015a). Die „Entwicklungsbank des Europarates" – Ein völlig unbekanntes Wesen. *ÖGfE Policy Brief* 01/2015. https://www.oegfe.at/wp-content/uploads/2015/07/OEGfE_Policy_Brief-2015.German-1.pdf.

Hummer, W. (2015b). *Politikwissenschaft in Österreich unter besonderer Berücksichtigung der Europapolitik: Institutionelle und materielle Rahmenbedingungen.* Innsbruck: Studienverlag.

Kleinsorge, T. E. J. (2023). The Parliamentary Assembly: Europe's Motor and Consience. In T. E. J. Kleinsorge (Hrsg.), *Council of Europe (CoE)* (4. Aufl., 79–104). Alphen aan den Rijn: Wolters Kluwer.

Knodt, M., & Große Hüttmann, M. (2012). Der Multi-Level Governance-Ansatz. In H.-J. Bieling & M. Lerch (Hrsg.), *Theorien der europäischen Integration* (187–206). Wiesbaden: SpringerVS.

Loth, W. (2020). *Europas Einigung: Eine unvollendete Geschichte.* Frankfurt am Main: Campus.

Ludwig, A. N. (2020). *Bilaterale Beziehungen als komplexe Systeme: Komplexitätsforschung am Beispiel der deutsch-britischen Beziehungen nach 1945.* Wiesbaden: SpringerVS.

Ludwig, A. N. (2022a). Opinion: Europe's Division Deepens with Russia's Council of Europe's Expulsion. *E-International Relations,* 18. März 2022. https://www.e-ir.info/2022/03/18/opinion-europes-division-deepens-with-russias-council-of-europe-expulsion/.

Ludwig, A. N. (2022b). Europa ist auch Ländersache! Grundlagen der Europapolitik der österreichischen Länder am Beispiel Kärntens. In K. Anderwald et al. (Hrsg.), *Kärntner Jahrbuch für Politik 2022* (221–237). Klagenfurt: Hermagoras.

Ludwig, A. N. (2023). The Complexity of Memory in Global Relations and European Integration: A Theoretical Perspective. *Journal of European Integration History, 29*(1), 19–34.

Ludwig, A. N. (2024a). Wahlen in Zeiten der Polykrise? Baustellen der Europäischen Union im Europawahljahr 2024. *Gesellschaft. Wirtschaft. Politik, 73*(1), 44–54.

Ludwig, A. N. (2024b). Verantwortung für Europa: Substaatliche Regionen im Mehrebenensystem des Europarats. *Zeitschrift für Politik, 71*(4), 433–449.

Ludwig, A. N. (2024c). 75 Jahre Europarat: Europas Wertegemeinschaft und ihre Bedeutung für Kärnten. In K. Anderwald et al. (Hrsg.), *Kärntner Jahrbuch für Politik 2024* (94–106). Klagenfurt: Hermagoras.

Ludwig, A. N., & Wassenberg, B. (2025). *Deutschland im Europarat: Ein Überblick.* Wiesbaden: SpringerVS.

Ludwig, A. N., & Schomaker, R. M. (I. E.) Das Mehrebenensystem der Europäischen Union in der „Autokratiefalle": Zur Bedeutung liberaler Demokratie in Kommunen und Regionen für die EU. In R. M. Schomaker & H. Walterscheid (Hrsg.), *Zukunft der Ordnungsökonomik als freiheitlichen Ordnung von Wirtschaft und Gesellschaft.* München: De-Gruyter & Brill.

Markert, T. (2022). Die Venedig-Kommission des Europarats: Vom Beratungsgremium zum Akteur der Verteidigung von Rechtsstaat und Demokratie (1990–2022). *Europäische Grundrechtezeitschrift, 49*(21–23), 608–636.

Maurer, A. (2023). Österreichs Europapolitik. In M. Senn et al. (Hrsg.), *Handbuch Außenpolitik Österreichs* (699–728). Wiesbaden: SpringerVS.

Merli, F. (2022). Bedeutung der Europäischen Menschenrechtskonvention für die österreichische Grundrechtsordnung. In M. L. Fremuth (Hrsg.), *70 Jahre Europäische Menschenrechtskonvention* (17–30). Wien: Manz.

Olsen, C. (2023). Treaty-Making in the CoE. In T. E. J. Kleinsorge (Hrsg.), *Council of Europe (CoE)* (4. Aufl., 155–169). Alphen aan den Rijn: Wolters Kluwer.

Pabel, K. (2023). Rechtliche Implikationen der Völkerrechtsfreundlichkeit: Sonderfall EMRK und EGMR – Österreich. *Zeitschrift für ausländisches öffentliches Recht und Völkerrecht, 83*(4), 827–846.

Palmer, S. (2023). The Committee of Ministers. In T. E. J. Kleinsorge (Hrsg.), *Council of Europe (CoE)* (4. Aufl., 105–114). Alphen aan den Rijn: Wolters Kluwer.

Panke, D. (2018). Mehrebenenpolitik, Multilevel Governance. In R. Voigt (Hrsg.), *Handbuch Staat* (1871–1882). Wiesbaden: SpringerVS.

Parlament Österreich (2025). *Außen- und Europapolitischer Bericht 2024.* https://www.parlament.gv.at/dokument/XXVIII/III/265/imfname_1728902.pdf.

Parlament Österreich (2026). *Österreichische Mitglieder in der Parlamentarischen Versammlung des Europarats.* https://www.parlament.gv.at/recherchieren/personen/eurat/index.html.

Parlament Österreich. (O. J.) *Die Parlamentarische Versammlung des Europarats.* https://www.parlament.gv.at/eu-internationales/multilaterales/europarat/index.html.

Parliamentary Assembly. (2026). *Petra Bayr Elected President of the Parliamentary Assembly of the Council of Europe,* 26. Jänner 2026. https://pace.coe.int/en/news/10158/petra-bayr-elected-president-of-the-parliamentary-assembly-of-the-council-of-europe.

Parliamentary Assembly. (O. J.) *National Delegations: Austria.* https://pace.coe.int/en/aplist/countries/4/austria.

Patel, K. K. (2013). Provincialising European Union: Co-operation and integration in Europe in a historical perspective. *Contemporary European History, 22*(4), 649–673.

Patel, K. K. (2018). *Projekt Europa: Eine kritische Geschichte.* München: C. H. Beck.

Patel, K. K. (2020). Why the EU became Europe: Towards a new history of European Union. *Annals of the Fondazione Luigi Einaudi, LIV,* 199–216.

Prettenthaler-Ziegerhofer, A. (2007). *Europäische Integrationsgeschichte: Unter besonderer Berücksichtigung der österreichischen Integration.* Innsbruck: Studienverlag.

Prettenthaler-Ziegerhofer, A. (2019). Auf nach Europa! Österreich und der europäische Integrationsprozess. In W. M. Iber & P. Teibenbacher (Hrsg.), *Österreich, Europa und die Welt: Internationale Beziehungen im 20. und 21. Jahrhundert* (77–90). Wien: LIT Verlag.

Rat der EU. (2026). *EU-Haushalt 2026: Wichtigste Bereiche.* https://www.consilium.europa.eu/de/infographics/2026-eu-budget-main-areas/.

Schallenberg, A. (2024). *Rede von Außenminister Alexander Schallenberg anlässlich der 133. Sitzung des Ministerkomitees des Europarats,* 17. Mai 2024. https://www.bmeia.gv.at/ministerium/presse/reden/2024/05/rede-von-aussenminister-alexander-schallenberg-anlaesslich-der-133-sitzung-des-ministerkomitees-des-europarats.

Schwimmer, W. (2008). Der Europarat: Entstehungsgeschichte, Rolle und Stellenwert für Österreich. In W. Hummer (Hrsg.), *Österreich im Europarat 1956–2006: Bilanz einer 50-jährigen Mitgliedschaft* (55–96). Wien: Böhlau.

Senn, M. (2023). Österreichs Neutralität. In M. Senn et al. (Hrsg.), *Handbuch Außenpolitik Österreichs* (23–50). Wiesbaden: SpringerVS.

Standard. (2025). *SPÖ und NEOS gegen Stocker-Vorstoß zu Gerichtshof für Menschenrechte,* 27. Mai 2025. https://www.derstandard.at/story/3000000271581/spoe-haelt-vorstoss-zu-menschenrechtsgericht-fuer-sehr-problematisch.

Ständige Vertretung Europarat. (O. J.-a). *Kongress der Gemeinden und Regionen.* https://www.bmeia.gv.at/oev-strassburg/europarat/kongress-der-gemeinden-und-regionen.

Ständige Vertretung Europarat. (O. J.-b). *Ständige Vertretung Österreichs beim Europarat.* https://www.bmeia.gv.at/oev-strassburg.

Stourzh, G., & Müller, W. (2020). *Der Kampf um den Staatsvertrag 1945–1955: Ost-West-Besetzung, Staatsvertrag und Neutralität Österreichs* (6. Aufl.). Wien: Böhlau.

Thorhallsson, B., & Steinsson, S. (2017). Small States Foreign Policy. In *Oxford Research Encyclopedia of Politics.* https://oxfordre.com/politics/display/10.1093/acrefore/9780190228637.001.0001/acrefore-9780190228637-e-484.

Thurnherr, D. (2008). The Reception Process in Austria and Switzerland. In H. Keller & A. S. Sweet (Hrsg.), *A Europe of Rights: The Impact of the ECHR on National Legal Systems* (311–392). Oxford: Oxford University Press.

Van der Bellen, A. (2018). *Rede von Bundespräsident Alexander Van der Bellen vor der Parlamentarischen Versammlung des Europarates,* 25. Jänner 2018. https://www.bundespraesident.at/aktuelles/detail/wir-sind-ein-kontinent-des-und-und-nicht-des-entweder-oder.

Van der Bellen, A. (2023). *Rede von Bundespräsident Alexander Van der Bellen anlässlich des 4. Gipfels der Staats- und Regierungschefs des Europarates,* 17. Mai 2023. https://www.bundespraesident.at/aktuelles/detail/das-recht-muss-die-rechtlosigkeit-besiegen.

Van der Bellen, A. (2026). *Neujahrsansprache von Bundespräsident Alexander Van der Bellen,* 1. Jänner 2026. https://www.bundespraesident.at/aktuelles/detail/neujahrsansprache-2026.

Wassenberg, B. (2012). *L'Histoire du Conseil de l'Europe (1949–2009).* Brüssel: Peter Lang.

Wassenberg, B. (2018). The Council of Europe's Role in the History of European Integration. In G. Grin et al. (Hrsg.), *Formes d'Europe: Union européenne et autres organisations* (267–300). Paris: Economica.

Wassenberg, B. (2024). *History of the Council of Europe: 75 Years of European Co-Operation.* Strasbourg: Council of Europe.

Weidenfeld, W. (2025). *Die Europäische Union* (7. Aufl.). Paderborn: UTB Brill.

Weiler, S. (2023). Österreich im Europarat. In M. Senn et al. (Hrsg.), *Handbuch Außenpolitik Österreichs* (761–774). Wiesbaden: SpringerVS.

Zum Weiterlesen

Brummer, K., & Wassenberg, B. (2024). Europarat und Europäische Union als ‚strategische Partner'? *Zeitschrift für Politik, 71*(4), 386–409.

Europarat. (2024). *Der Europarat im Überblick.* Strasbourg: Council of Europe. https://edoc.coe.int/en/an-overview/7070-the-council-of-europe-an-overview.html.

Ludwig, A. N. (2024). Verantwortung für Europa: Substaatliche Regionen im Mehrebenensystem des Europarats. *Zeitschrift für Politik, 71*(4), 433–449.

MIX
Papier aus verantwortungsvollen Quellen
Paper from responsible sources
FSC® C105338

If you have any concerns about our products,
you can contact us on
ProductSafety@springernature.com

In case Publisher is established outside the EU,
the EU authorized representative is:
**Springer Nature Customer Service Center GmbH
Europaplatz 3, 69115 Heidelberg, Germany**

Printed by Libri Plureos GmbH
in Hamburg, Germany